Polyglott-Sprachführer

Schwedisch

Polyglott-Verlag München

Die Aussprache des Schwedischen

å	wie o in Los	*lj*	wie j
c	vor *e, i* und *y* wie ß, sonst wie k	*o*	dumpf, fast wie u
ch	meist wie sch	*s*	wie ß
dj	wie j	*sj*	wie sch
g	vor *ä, e, i, ö, y* und nach *l* und *r* wie j	*sk*	vor *ä, e, i, ö* und *y* wie sch
gj	vor *o* und *u* wie j	*skj*	wie sch
hj	wie j	*u*	wie dumpfes ü
k	vor *ä, e, i, ö* und *y* wie tch	*v*	wie w
kj	wie tch	*y*	wie helles ü

Bearbeitet von Karin Corneliusson

Auflage:	9.	8.	7.	6.	5.	Letzte Zahlen
Jahr:	2001	2000	1999	98	97	maßgeblich

Printed in Germany / Druckhaus Langenscheidt, Berlin
Umschlaggestaltung: Christa Manner, München
Fotograf: Bernd Ducke / Superbild
ISBN 3-493-61107-2

Einführung

Schloß Kalmar

Mit diesem Sprachführer können Sie sich auch ohne Vorkenntnisse auf schwedisch unterhalten. Er bietet Ihnen alle auf der Reise und im Alltag des fremden Landes erforderlichen Redewendungen und Wörter.

Polyglott ist einer der führenden Verlage für Reiseführer und weiß, worauf es dem Reisenden ankommt. So ist auch dieser Polyglott-Sprachführer aus der Praxis entstanden. Eine übersichtliche Gliederung und das Inhaltsverzeichnis auf der folgenden Seite machen seine Benutzung denkbar einfach, vor allem, wenn Sie die nachfolgenden Hinweise beachten:

1. Die *Bildsymbole* (auf Seite 1 und der vorderen Innenseite des Umschlags) helfen Ihnen, das gesuchte Kapitel schnell und problemlos aufzufinden.
2. Auf den Seiten 5 und 6 finden Sie knapp gefaßte Erläuterungen zur *Grammatik* sowie eine Erklärung der einfachen *Lautschrift*. Mit ihrer Hilfe können Sie die schwedischen Wörter richtig aussprechen und sich problemlos verständlich machen. Darüber hinaus finden Sie noch Hinweise zur *Aussprache* des Schwedischen auf Seite 2.
3. Der Sprachführer enthält fünfzehn nach *Sachgebieten* geordnete Einzelkapitel. Die *linke Spalte* jeder Seite bietet in der Regel die wichtigsten deutschen Wendungen und Wörter, in der *mittleren Spalte* finden Sie die schwedische Übersetzung und in der *rechten Spalte* die vereinfachte Lautschrift. Häufig vorkommende Aufschriften finden Sie mit den entsprechenden Übersetzungen in einem *Kasten*.
4. Gelegentlich wurden zwecks Platzersparnis mehrere Sätze zusammengefaßt. In diesem Fall sind die auszutauschenden Wörter, Wort- oder Satzteile durch *Schrägdruck* gekennzeichnet.
5. Ein ausführliches *Register* am Ende dieses Sprachführers enthält wichtige Stichwörter zu den einzelnen Sachgebieten und hilft Ihnen, die Übersetzung von Einzelwörtern oder Wendungen schnell und gezielt zu ermitteln.

Und nun wünschen wir: *Trevlig resa!* – Gute Reise!

Inhaltsverzeichnis

Kurzgrammatik

Geschlecht

Im Schwedischen unterscheidet man nur zwei Geschlechter: Das „gemeinsame" (männlich und weiblich), Endung *-(e)n*, und das sächliche, Endung *-(e)t*.

Artikel und Hauptwort

Der bestimmte Artikel wird angehängt und heißt für die Einzahl des gemeinsamen Geschlechts *-en*, für die Einzahl des sächlichen *-et*. In der Mehrzahl lautet der Artikel *-na* für die Wörter des gemeinsamen und *-a* oder *-en* für die des sächlichen Geschlechts.

Bei Verbindung des Hauptwortes mit einem Eigenschafts-, Zahl- oder Mittelwort steht noch ein zweiter Artikel: *den, det, de;* z. B. *den stora gården* (der große Bauernhof), *det stora huset* (das große Haus), *de stora skogarna* (die großen Wälder).

Der unbestimmte Artikel heißt *en, ett*.

Die Mehrzahlformen der Hauptwörter werden in den Wörterlisten neben der bestimmten Form an zweiter Stelle gegeben, vgl. S. 20: Hafen ... hamn, -en, -ar; d. h. hamnen (der Hafen), hamnar (Häfen).

Das Eigenschaftswort

Die Formen des Eigenschaftswortes werden von dem dazugehörigen Hauptwort und der Art des Artikels bestimmt. Die Steigerung geschieht

1. durch Anhängung der Endung *-are* oder *-re* und *-ast* oder *-st;*

2. durch Vorsetzen von *mera* (mehr) oder *mest* (meist); auf diese Art werden die mehrsilbigen Eigenschaftswörter auf *-ad, -e, -isk, -sk* und die Mittelwörter gesteigert.

Die Fürwörter

persönlich: *jag* (ich), *du* (du), *ni* (Sie), *han* (er), *hon* (sie), *den* (er, sie), *det* (es), *vi* (wir), *ni* (ihr), *de* (sie);

besitzanzeigend: *min, mitt, mina* (mein), *din, ditt, dina* (dein), *hans, hennes, dess, deras* (sein, ihr, ihre);

rückbezüglich: *sin, sitt, sina* (sein, ihre);

bezüglich: *som* (der, die, das, die); *vilken, vilket* (welcher, welche, welches);

fragend: *vem?* (wer, wen?), *vad?* (was?);

hinweisend: *den, det, de* (der, die, das, die), *denna, detta, dessa* (dieser, diese, dieses, diese).

Das Zeitwort

A. Hilfszeitwörter:

1. *vara* (sein) in allen Formen der Gegenwart *är*, Vergangenheit *var*.

2. *ha(va)* (haben) Gegenwart *har*, Vergangenheit *hade;*

3. Zukunft *skall* + *Nennform* des Zeitworts, z. B. *jag skall vara* (ich werde sein), *jag skall ha(va)* (ich werde haben), *jag skall resa* (ich werde reisen).

B. Zeitwörter:

Erste Konjugation: Gegenwart *-ar*, Vergangenheit *-ade*, Mittelwort *-at;* hierzu gehören die meisten schwedischen Zeitwörter: *tala* (sprechen, reden), *jag talar* (ich spreche), *jag talade* (ich sprach), *jag har talat* (ich habe gesprochen);

Zweite Konjugation, 1. Klasse: Gegenwart *-er*, Vergangenheit *-te*, Mittelwort *-t*, z. B. *jag köper* (ich kaufe), *jag köpte* (ich kaufte), *jag har köpt* (ich habe gekauft), *jag skall köpa* (ich werde kaufen); 2. Klasse: Gegenwart -, *-er*, Vergangenheit *-de*, Mittelwort *-t*, z. B. *jag hör* (ich höre), *jag hörde* (ich hörte), *jag har hört* (ich habe gehört), *jag skall höra* (ich werde hören);

Dritte Konjugation: Gegenwart *-r*, Vergangenheit *-dde*, Mittelwort *-dd* oder *-tt*, z. B. *jag bor* (ich wohne), *jag bodde* (ich wohnte), *jag har bott* (ich habe gewohnt), *jag skall bo* (ich werde wohnen);

Vierte Konjugation: Die starken Verben werden durch den Ablaut des Stammvokals und die Endungen *-en* und *-it* im Mittelwort gekennzeichnet.

Die wichtigsten Verben:
be, bad, bett (bitten)
bli(va), blev, blivit (werden)
dricka, drack, druckit (trinken)
finna, fann, funnit (finden)
flyga, flög, flugit (fliegen)
få, fick, fått (dürfen)
ge, gav, givit (geben)
gå, gick, gått (gehen)
heta, hette, hetat (heißen)
komma, kom, kommit (kommen)
ligga, låg, legat (liegen)
se, såg, sett (sehen)
sitta, satt, suttit (sitzen)
skriva, skrev, skrivit (schreiben)
sova, sov, sovit (schlafen)
springa, sprang, sprungit (laufen)
stå, stod, stått (stehen)
ta(ga), tog, tagit (nehmen)
veta, visste, vetat (wissen)
äta, åt, ätit (essen)

Erklärung der Lautschrift

In diesem Sprachführer finden Sie auf jeder Seite jeweils in der dritten Spalte die Aussprache der schwedischen Wörter und Sätze.

Ein Punkt unter einem Vokal gibt dessen Betonung, ein Strich über einem Vokal dessen Länge an. Die dem Schwedischen eigentümliche Wortmelodie wird in der Lautschrift vor der betonten Silbe dargestellt, und zwar bezeichnet:

ˇ den zusammengesetzten (fallend-steigenden) Ton in zwei- und mehrsilbigen Wörtern;

ˋ den leichten, fallenden Nebenton, den die vorletzte oder drittletzte Silbe in mehrsilbigen Wörtern nach dem vorausgegangenen zusammengesetzten Ton erhält, z. B. (ˇjēnomˋrēßa).

Vokale (Selbstlaute)

[a] wie **a** in s**a**tt
[ā] noch dunkler als **a** in V**a**ter
[ä] wie **ä** in f**ä**llen
[ǟ] wie **ä** in W**ä**hrung
[e] wie **e** in Tel**e**fon
[ē] wie **e** in L**e**ben
[ᵉ] wie **e** in bitt**e**
[i] wie **i** in M**i**nute; **nicht** wie in b**i**n!
[ī] wie **ie** in B**ie**ne
[o] wie **o** in **o**ffen
[ō] wie **o** in **O**fen
[ö] wie **ö** in **ö**ffnen
[ȫ] wie **ö** in sch**ö**n
[u] wie **u** in **U**niversität
[ū] wie **u** in H**u**hn
[ü] kurzes **ü** wie in am**ü**sieren
[ǖ] wie **ü** in **ü**ber
[ŭ] Laut zwischen **ö** und **ü**, immer kurz
[ʉ̄] Laut zwischen **ü** und **u**, immer lang; die Lippen sind fast geschlossen.

Konsonanten (Mitlaute)

[ng] wie **ng** in Fi**ng**er
[r] leicht gerolltes Zungenspitzen-**r**; in Südschweden wird auch das Zäpfchen-**r** der deutschen Hochsprache gesprochen.
[ß] stimmlos wie **ss** in Wa**ss**er
[sch] wie **sch** in **sch**ön
[tch] wie **ch** in i**ch**, jedoch etwas schärfer und mit mehr oder weniger hörbarem **t**-Vorschlag
[ʳd], [ʳl], [ʳn], [ʳß] und [ʳt] werden gebildet, indem man die Zunge zurückbiegt und die Zungenspitze an den harten Gaumen legt. Sprecher des Zäpfchen-**r** können den **r**-Laut weglassen.

Alle übrigen Konsonanten werden wie im Deutschen ausgesprochen.

Allgemeines

Gruß und Anrede

Guten *Morgen (Tag, Abend)*!	God *morgon (dag, afton)!*	gū ˇmoron (dạ̄, ˇafton)
Hallo! / Grüß dich!	Hej!	häj
Herr / Frau / Fräulein ...	herr / fru / fröken ...	här / frʉ̈ / frǭ̣k^{e}n
Wie geht es *dir (Ihnen)*?	Hur mår *du / (ni)?*	hʉ̈r mǭ̣^{r} dʉ̈ / (nī)
Wie geht's?	Hur står det till?	hʉ̈^{r} ßtō^{r} dä tịl
Auf Wiedersehen!	Adjö!	ajǭ̣
Bis *bald (morgen, später)*!	Vi ses *snart (i morgon, senare)!*	wī ßẹ̄ß ßnā^{r}t (i ˇmoron, ˇßēnar^{e})
Tschüß / Servus!	Hej då!	hạ̈j dō
Gute Nacht!	God natt!	gu nạt
Gute Reise!	Trevlig resa!	ˇtrēvli ˇrēßa
Grüßen Sie ... von mir.	Hälsa ... från mig.	ˇhälßa ... fron mäj

> Leute, die man gut kennt, redet man mit dem Vornamen und „du" an. Unter den meisten Berufsgruppen wird das Du auch ohne nähere Bekanntschaft verwendet, auch an Tankstellen und in Geschäften. Zu ganz fremden Leuten wird aber auch „ni" gesagt.

Persönliches

Wie ist Ihr Name, bitte?	Vad heter ni?	wa hẹ̄t^{er} nī
Ich heiße ...	Jag heter ...	jā hẹ̄t^{e}r
Das ist mein *Mann (Freund, Sohn, Vater)*.	Det är min *man (vän, son, pappa)*.	dē ē min man (wän, ßōn, ˇpapa)
Das ist meine *Frau (Freundin, Tochter, Mutter)*.	Det är min *fru (väninna, dotter, mamma)*.	dē ē min frʉ̈ (wänˇina, ˇdot^{e}r, ˇmama)
Woher *kommen Sie (kommst du)*?	Varifrån kommer *ni (du)?*	ˇwārifron kọm^{er} nī (dʉ̈)
Ich komme aus *Deutschland (Österreich, der Schweiz)*.	Jag kommer från *Tyskland (Österrike, Schweiz)*.	jā kọm^{e}r fron ˇtüßkland (ˇößt^{e}rīk^{e}, schwejts)
Wir wohnen *in ... (im Hotel ...)*.	Vi bor *i ... (på hotell ...)*.	wī būr i ... (po hutạ̈l)
Ich bin zum *ersten (dritten)* Mal hier.	Jag är här för *första (tredje)* gången.	jā ē hạ̄r för ˇfö^{r}ßta (trēdje) gọng^{e}n

Einfache Wendungen / Entschuldigung / Dank

Ja / Nein / Niemals.	Ja / nej / aldrig.	jā / näj / ˇaldri
Danke (sehr)!	Tack (så mycket)!	tak (so ˇmük^{e})
Bitte (sehr)!	Var så god!	ˇva^{r} ß^{e} gū
Keine Ursache!	Ingen orsak!	ˇing^{e}n ū^{r}ßāk
Ja, bitte.	Ja, tack.	jā tak
Nein, danke.	Nej, tack.	näj tak
Schade! / Das tut mir leid.	Så tråkigt! / Det var ju synd!	ßo ˇtrōkit / dē va jŭ ßün

Entschuldigung!	Ursäkta!	ˇʉ^{r}ßäkta
Vielleicht / (Sehr) gern!	Kanske / (Mycket) gärna!	ˇkansch^{e} / (ˇmük^{e}) ˇjǟ^{r}na
Gut, einverstanden!	Det gör jag gärna!	de jọ̄r ja ˇjǟ^{r}na
Viel *Vergnügen (Glück)*!	Mycket *nöje! (Lycka till)!*	ˇmük^{e} ˇnöje (ˇlüka tịl)
Herzlichen Glückwunsch!	Hjärtliga gratulationer!	ˇjä^{r}tlia gratū̄laschụ̄n^{e}r

Verständigung

Spricht hier jemand Deutsch?	Finns det någon som talar tyska här?	finß de nọn ßom ˇtāla^{r} ˇtüßka hǟr
Wie heißt das auf schwedisch?	Vad heter det på svenska?	va hẹ̄t^{er} dē po ˇßwänßka
Wie bitte?	Hur sa?	ˇhʉ^{r} ßā
Ich verstehe nicht (alles).	Jag förstår inte (allt).	jā fö^{r}ßtọ̄r ˇint^{e} (alt)
Bitte sprechen Sie etwas langsamer.	Kan ni tala lite långsammare!	ˇkanī ˇtāla ˇlīt^{e} ˇlongßamar^{e}
Schreiben Sie es bitte auf.	Kan ni skriva upp det?	ˇkanī ˇßkrīva ụ̆p dē

Allgemeine Fragen / Bitten / Wünsche

Wann / Wer / Wo(hin)?	När / Vem / Var (Vart)?	nǟr / wem / wār (wa^{r}t)
Was ist das?	Vad är det där?	wā ē dē dạ̈̄r
Was kostet das?	Vad kostar det?	wā ˇkoßta^{r} `dē
Wieviel(e)?	Hur mycket (många)?	hʉr ˇmük^{e} (ˇmonga)
Wie lange?	Hur länge?	hʉ^{r} ˇläng^{e}
Wo ist ...?	Var är ...?	wār ē
Wo gibt es ...?	Var finns det ...?	wār finß dē
Gibt es hier ...?	Finns det ... här?	finß dē ... hǟr
Wo sind wir hier?	Var är vi?	wār ẹ̄ wi
***Wo (Wann)* treffen wir uns?**	*Var (När)* träffas vi?	wā^{r} (nǟ^{r}) ˇträfaß wi
Wie spät ist es?	Hur mycket är klockan?	hʉr ˇmük^{e} ē ˇklokan
Wann wird ... *geöffnet (geschlossen)?*	När *öppnas (stängs) ...?*	nǟr ˇöpnaß (ßtängß)
Ich suche ...	Jag söker ...	jā ßọ̄k^{e}r
Ich möchte *Herrn (Frau, Fräulein)* ... sprechen.	Jag skulle vilja tala med *herr (fru, fröken) ...*	jā ˇßkŭl^{e} ˇwil(j)a ˇtāla mē här (frʉ, frọ̄k^{e}n)
Geben Sie *uns (mir)* bitte ...!	Kan ni ge *oss (mig) ...!*	ˇkanī jẹ̄ oß (mäj)
Können Sie mir helfen?	Kan ni hjälpa mig?	ˇkanī ˇjälpa mäj
Gestatten Sie?	Tillåter ni?	ˇtilōte^{r} nī
Können Sie wechseln?	Kan ni växla?	ˇkanī ˇwäkßla
Ich möchte ...	Jag skulle vilja ...	jā ˇßkŭl^{e} ˇwil(j)a
Das funktioniert nicht.	Det fungerar inte.	dē fŭnggẹ̄rar ˇint^{e}

Wetter

Es ist sehr schönes Wetter heute.	Det är vackert väder i dag.	dē ē ˇvak^{er}t vạ̈̄d^{e}r idạ̄

Wieviel Grad haben wir?	Hur många grader är det?	hʉr ˇmonga ˇgrāder ē dē
Bleibt das Wetter schön?	Kommer det vackra vädret att hålla i sig?	kọmer de ˇvakra vạ̄dret at ˇhola ị̄ ßäj
Wird es *regnen (schneien)*?	Kommer det att *regna (snöa)?*	kọmer dē at ˇrängna (ˇßnō̄a)
Gibt es ein Gewitter?	Blir det åska?	blīr dē ˇoßka
Was meldet der Wetterbericht?	Vad säger väderleksrapporten?	wā ßạ̈jer ˇwā̄der-lēkßraˋporten
Das Barometer *fällt (steigt)*.	Barometern *sjunker (stiger)*.	barumẹ̄tern schŭ̄nker (ßtị̄ger)
Es ist kalt / warm.	Det är kallt / varmt.	dē ē kalt / warmt
– heiß / schwül.	– hett / kvavt.	hät / kwāft
– windig / stürmisch.	– blåsigt / stormigt.	ˇblōßit / ˇßtormit
– neblig / glatt.	– dimmigt / halt.	ˇdimit / hālt
Es regnet / schneit.	Det regnar / snöar.	dē ˇrängnar / ˇßnō̄ar
Es friert.	Det fryser på.	dē frụ̄ßer pọ̄
Die Sonne scheint.	Solen skiner.	ßū̱len schị̄ner
Hitze / Kälte	Värme / Kyla	ˇwärme / ˇtchū̄la
Sonne / Mond	Sol / måne	ßūl / ˇmōne
Regen / Schnee	regn / snö	rängn / ßnō̄
Nebel / Glatteis	dimma / blixthalka	ˇdima / ˇbliksthalka
Wind / Sturm	vind / storm	wind / ßtorm
Temperatur	temperatur	tämperatʉ̄r
Straßenzustand	vägbeskaffenhet	ˇvā̄gbeßkafenhēt

Touristische Auskünfte / Wünsche

Wo ist das Fremdenverkehrsbüro?	Var finns turistbyrån?	wār finß tʉˇrißtbū̄rōn
Ich möchte bitte einen Stadtplan von ...	Jag skulle vilja ha en karta över ...	jā ˇßkū̄le ˇwil(j)a hā en ˇkārta ō̱̄wer
Gibt es *Stadtrundfahrten (Hafenrundfahrten)*?	Finns det *stadsrundturer (rundturer i hamnen)?*	finß dē ˇßtaßrū̆ntʉ̄rer (ˇrū̆ntʉ̄rer i hạmnen)
Was kostet die Rundfahrt?	Vad kostar en rundtur?	wā ˇkoßtar en ˇrū̆ntʉ̄r
***Wann (Wo)* fährt der Bus ab?**	*När (Varifrån)* avgår bussen?	nạ̄̄r (ˇwārifrōn) ˇāvgōr būßen
Haben Sie einen Veranstaltungskalender für diese Woche?	Har ni ett veckoprogram över vad som händer här denna vecka?	ˇhār ni ẹt ˇwäkupru-ˋgram ō̱̄wer vā ßom hạnder här ˇdäna ˇwäka
Welche Sehenswürdigkeiten gibt es hier?	Vilka sevärdheter finns det här?	ˇwikạ ˇßēwā̄rdhēter finß de hā̄r
Ich hätte gern *ein Hotelverzeichnis (einen Campingführer)*.	Jag skulle vilja ha en *hotellförteckning (förteckning över campingplatser)*.	jā ˇßkū̄le ˇwil(j)a hā en huˇtelförˋtekning (förtẹkning ō̱̄wer ˇkamping-ˋplatser)
Ich suche ein *gutes (einfaches)* Hotel.	Jag söker ett *bra (billigt)* hotell.	jā ßọ̄ker et brā (ˇbilit) hutạ̈l
Gibt es hier eine Jugendherberge?	Finns det ett vandrarhem här?	finß de et ˇwandrarˋhäm hā̄r
Können Sie mir den Weg auf dem Stadtplan *zeigen (aufzeichnen)*?	Kan ni *visa mig (rita in)* vägen på kartan.	ˇkạni ˇwīßa mäj (ˇrīta ịn) wạ̄gen po ˇkartan

Wochentage / Feiertage

Montag / Dienstag	måndag / tisdag	mọndāg / tịßdāg
Mittwoch / Donnerstag	onsdag / torsdag	ụnßdāg / tụrßdāg
Freitag / Samstag	fredag / lördag	frẹdāg / lọ̈̄rdāg
Sonntag / Werktag	söndag / vardag	ßọndāg / wạ̄rdāg
Feiertag / Wochenende	helgdag / lördag-söndag	hạljdāg / lọ̈̄rdāg-ßọndāg
Weihnachten / Neujahr	jul / nyår	jʉ̄l / ˇnǖōr
Ostern / Pfingsten	påsk / pingst	poßk / pingßt
Nationalfeiertag	nationaldag (6. juni)	natschuˇnāldāg (ˇschäte jʉ̣̄ni)
Geburtstag	födelsedag	ˇfȫdelße`dāg
Johannis*abend* / *-tag*	midsommar*afton* / *-dagen*	ˇmißomarafton / -dāgen

Monate / Jahreszeiten

Januar / Februar	januari / februari	janŭạ̄ri / febrŭạ̄ri
März / April	mars / april	marß / april
Mai / Juni	maj / juni	maj / jʉ̣̄ni
Juli / August	juli / augusti	jʉ̣̄li / a(u)gụ̆sti
September / Oktober	september / oktober	ßeptạmber / oktụ̄ber
November / Dezember	november / december	nuwạ̄mber / deßạ̄mber
Jahreszeit / Saison	årstid / säsong	ˇōrßtīd / ßäßọng
Frühling / Sommer	vår / sommar	wōr / ˇßomar
Herbst / Winter	höst / vinter	hößt / wịnter

Datum / Uhrzeit

Der wievielte ist heute?	Vilket datum är det i dag?	ˇwiket ˇdātŭm ē dē idạ̄
Heute ist der 1. Mai.	Det är första maj i dag.	dē ē ˇförßta maj idạ̄
Am 5. September.	Den 5 september.	dän ˇfämte ßeptạmber
Bis zum 3. August.	Till den 3 augusti.	til dän ˇtrēdje a(u)gụ̆sti
Wie spät ist es?	Vad är klockan?	wā ē ˇklokan
Haben Sie genaue Zeit?	Har ni exakt tid?	ˇhār nī ek`ßakt tīd
Geht diese Uhr richtig?	Gar den här klockan rätt?	gō dän hǟr ˇklokan rät
Es ist (genau) zwei Uhr.	Den är (precis) två.	dän ē (preßīß) twō
– halb sechs.	– halv sex.	halv ßäkß
– zwölf Uhr dreißig	– tolv och trettio	tolw oträti(u)
– Viertel vor fünf.	– kvart i fem.	kwart i fäm
– Viertel nach neun.	– kvart över nio.	kwart ọ̈̄wer ˇnīe
– zehn vor eins.	– tio i ett.	tīe i et
– fünf nach elf.	– fem över elva.	fäm ọ̈̄wer ˇälwa
Um wieviel Uhr?	Vid vilken tid?	wī ˇwiken tīd
um acht Uhr (morgens)	klockan åtta (på morgonen)	ˇklokan ˇota (po ˇmoronen)
um zwölf Uhr	klockan tolv	ˇklokan tolw
um Viertel *vor (nach)* elf	en kvart *i (över)* elva	en kwart i (ọ̈̄wer) ˇälwa
zwischen 5 und 6	mellan fem och sex	mälan fäm o ßäkß
in einer Stunde	om en timme	om en ˇtime
nicht vor neun Uhr	inte före klockan nio	inte ˇföre ˇklokan ˇnīe
in zehn Minuten	om tio minuter	om ˇtīe minʉ̣̄ter

Sonstige Zeitangaben

Tag / Woche	dag / vecka	dāg / ˇwäka
Monat / Jahr	månad / år	ˇmōnad / ōr
morgens / vormittags	på morgonen / på förmiddagen	po ˇmoron^{e}n / po ˇfō̄rmi-dan
mittags / nachmittags	mitt på dagen / på eftermiddagen	mit po dạ̄g^{e}n / po ˇäft^{e}r-midan
abends / nachts	på kvällen / på natten	po kwạ̈l^{e}n / po nạt^{e}n
heute / gestern	i dag / i går	i dā / i gōr
morgen (früh)	i morgon (bitti)	i ˇmoron (ˇbiti)
übermorgen / vorgestern	i övermorgon / i förrgår	i ˇō̄w^{e}r`moron / i fọrgōr
heute *morgen (abend)*	*i morse (i kväll)*	i ˇmo^{r}ß^{e} (i kwäl)
gestern abend	i går kväll	i gōr kwäl
***diese (nächste)* Woche**	*denna (nästa)* vecka	ˇdäna (ˇnäßta) ˇwäka
in drei *Tagen (Wochen)*	om tre *dagar (veckor)*	om trē dār (ˇwäkur)
am Wochenende	på veckoslutet	po ˇwäkußlʉ̄t^{e}t
vor *einer Woche (14 Tagen)*	för *en vecka (fjorton dagar)* sedan	för en ˇwäka (ˇfju^{r}ton dā^{r}) ßen
Ich bin seit einer Woche da.	Jag har varit där i en vecka.	jā hār ˇwārit dạ̄r i en ˇwäka
für zwei Tage	för två dagar	fö^{r} twō dār
jedes Jahr	varje ar	ˇwarj^{e} ōr
von Zeit zu Zeit	da och da	dō o dō
um diese Zeit	vid den här tiden	wī dän här tị̄d^{e}n
jetzt / bis jetzt	nu / hittills	nʉ̄ / ˇhītilß

Zahlen

0	noll	nol	**19**	nitton	ˇniton
1	ett	et	**20**	tjugo	ˇtchʉ̄gu
2	två	twō	**21**	tjugoett	ˇtchʉ̄g^{e}et / tchū̆ẹt
3	tre	trē	**22**	tjugotvå	ˇtchʉ̄g^{e}twō / tchū̆twọ
4	fyra	ˇfū̄ra	**30**	trettio	trạti(u)
5	fem	fäm	**40**	fyrtio	fọ^{r}ti(u)
6	sex	ßäkß	**50**	femtio	fạmti(u)
7	sju	schʉ̄	**60**	sextio	ßạkßti(u)
8	åtta	ˇota	**70**	sjuttio	schụ̄ti(u)
9	nio	ˇnīu	**80**	åttio	ọti(u)
10	tio	ˇtīu	**90**	nittio	nịti(u)
11	elva	ˇälwa	**100**	(ett)hundra	(et) hụ̄ndra
12	tolv	tolw	**110**	(ett)hundratio	(et) hụ̄ndraˇtīu
13	tretton	ˇträton	**200**	två hundra	twō hụ̄ndra
14	fjorton	ˇfjū^{r}ton	**1.000**	(ett)tusen	(et) tʉ̣̄ß^{e}n
15	femton	ˇfämton	**2.000**	två tusen	twō tʉ̣̄ß^{e}n
16	sexton	ˇßäkßton	**10.000**	tio tusen	ˇtīu tʉ̣̄ß^{e}n
17	sjutton	ˇschūton	**1.000.000**	en miljon	en miljụ̄n
18	arton	ˇā^{r}ton			

Reisen mit dem Auto und Motorrad

Fremdsprachliche Hinweise / Verkehrszeichen

ANNAN FARA	**Gefahrenstelle**
BEGRÄNSAD FRAMKOMLIGHET. KÖR SAKTA.	**Eingeschränkte Fahrmöglichkeit. Langsam fahren.**
BENSINSTATION	**Tankstelle**
CIRKULATIONSTRAFIK	**Kreisverkehr**
CYKELVÄG	**Radfahrweg**
ENKELRIKTAD TRAFIK	**Einbahnstraße**
FARLIGA KURVOR	**gefährliche Kurven**
FÖRBUD ATT PARKERA FORDON	**Parkverbot**
FÖRBUD ATT STANNA FORDON	**Halteverbot**
FÖRBUD ATT SVÄNGA	**Abbiegen verboten**
GÅGATA	**Fußgängerzone**
GÄLLER EJ BEHÖRIG TRAFIK	**Anlieger frei**
GÄLLER EJ MARKERADE PLATSER	**gilt nicht für markierte Plätze**
HUVUDLED	**Vorfahrtstraße**
INFART	**Einfahrt**
KÖR SAKTA. ARBETE PÅGÅR.	**Langsam fahren. Baustelle.**
LIVSFARLIG LEDNING	**Achtung! Hochspannungsleitung!**
MOTORTRAFIKLED	**Schnellstraße**
MOTORVÄG	**Autobahn**
MÖTESPLATS	**Ausweichstelle**
OMKÖRNING FÖRBJUDEN	**Überholverbot**
PARKERINGSPLATS	**Parkplatz**
RASRISK	**Einsturzgefahr**
RASTPLATS	**Raststätte**
SJUKHUS	**Krankenhaus**
SLIRIG KÖRBANA	**Schleudergefahr**
STENSKOTT	**Rollsplitt**
TURISTBYRÅ	**Fremdenverkehrsbüro**
UTFART	**Ausfahrt**
VÄGARBETE	**Straßenarbeiten**
VÄGBULA	**unebene Fahrbahn**
VÄJNINGSPLIKT	**Vorfahrt gewähren**
ÅTERVÄNDSGRÄND	**Sackgasse**
ÖVERGÅNGSSTÄLLE	**Fußgängerübergang**

Fragen nach dem Weg

Ist das die Straße nach ...?	Är det här vägen till ...?	ǟ^{r} de hǟr wạ̈̄g^{e}n til
Komme ich hier zur Autobahn nach ...?	Kommer jag till motorvägen till ... på den här vägen?	kom^{e}r jā til ˇmū̱torwạ̈̄g^{e}n til ... po dän hǟr wạ̈̄g^{e}n

Komme ich hier in die Innenstadt?	Leder den här vägen till centrum?	lẹdᵉr dạn hār wạ̄gᵉn til ßạntrüm
Muß ich *rechts (links)* abbiegen?	Måste jag svänga *till höger (till vänster)?*	ˇmoßtᵉ jā ˇßwänga ti hộgᵉr (ti wạnßtᵉr)
Kann ich geradeaus fahren?	Kan jag köra rakt fram?	kan jā ˇtchȫra rākt fram
Muß ich zurückfahren?	Måste jag köra tillbaka?	ˇmoßtᵉ jā ˇtchȫra tibạ̄ka
Ist es noch weit bis ...?	Är det långt till ...?	ē dē longt til
Gibt es eine *andere (bessere)* Straße nach ...?	Finns det en *annan (bättre)* väg till ...?	finß de en ˇanan (bạtrᵉ) wā̈g til
Können Sie mir das auf der Karte zeigen?	Kan ni visa mig det på kartan?	ˇkanī ˇwīßa mäj dē po ˇkaʳtan
Ist die Straße nach ... *gut (sehr schmal)?*	Är vägen till ... *bra (mycket smal)?*	ē wạ̄gᵉn til ... brā (ˇmŭkᵉ ßmāl)
Braucht man *Winterreifen (Schneeketten)?*	Behöver man *vinterdäck (snökedjor)?*	behȫwᵉr man ˇwintᵉʳdäk (ˇßnȫtchēdjᵉr)

Autovermietung

Ich möchte ... mieten.	Jag skulle vilja hyra ...	jā ˇßkŭlᵉ ˇwil(j)a ˇhṻra
– ein Auto / ein Motorrad	– en bil / en motorcykel	en bīl / en ˇmūtoʳßükᵉl
– einen Wohnwagen	– en husvagn	en ˇhüßwạngn
– einen Kleinbus	– en minibuss	en ˇmīnibüß
– einen Geländewagen	– en jeep	en jīp
– *mit (ohne)* Fahrer	– *med (utan)* chaufför	mē (ˇütan) schofȫr
– mit Automatik	– automatväxlad	autoˇmātwäkßlad
– für *2 (4)* Personen	– för *2 (4)* personer	fȫʳ twō (ˇfṻra) päʳßụ̄nᵉr
– für *einen Tag (zwei Tage, eine Woche, zwei Wochen)*	– i *en dag (två dagar, en vecka, två veckor)*	ī en dā(g) (twō dār, en ˇwäka, two ˇwäkᵉr)
Kann ich den Wagen *heute noch abholen (gleich mitnehmen)?*	Kan jag *hämta bilen redan i dag (få bilen med det samma)?*	kan jā ˇhämta bīlᵉn idā (fō bīlᵉn mēdeßạma)
Wie hoch ist die Kaution?	Hur mycket måste jag lägga som säkerhet?	hür ˇmüke ˇmoßte jā ˇläga ßom ˇßākerhēt
Ist der Wagen vollgetankt?	Är bilen fulltankad?	ē bīlᵉn ˇfṻltankad
Ist eine Vollkaskoversicherung eingeschlossen?	Är helförsäkring inräknad?	ē ˇhēlföʳˋßäkring ˇinrā̈knad
Kann ich den Wagen auch *woanders (in ...)* abliefern?	Kan jag även lämna igen bilen *någon annanstans (i ...)?*	kan jā ˇā̈wen ˇlämna ijạn bīlᵉn non ˇananßtanß (ī)
Wie hoch ist der Mietpreis pro *Tag (Woche, Kilometer)?*	Vad kostar den i hyra per *dag (vecka, kilometer)?*	wā ˇkoßtaʳ dän i ˇhṻra päʳ dā (ˇwäka, tchilumẹter)
Darf ich den Wagen mit diesem Führerschein fahren?	Får jag köra bilen med det här körkortet?	fōr jā ˇtchȫra bīlᵉn mē de hār ˇtchȫrkuʳtᵉt

Autostop

Fahren Sie nach ...?	Åker ni till ...?	ọkᵉʳ nī til
Könnten Sie mich *ein Stück (bis ...)* mitnehmen?	Får jag följa med *en bit (till ...)?*	fōr jā ˇfölja mẹ en bīt (til)

Wir möchten nach ...	Vi skulle vilja till ...	wī ˇßkŭlᵉ ˇwil(j)a til
Könnten Sie uns bitte *bei der Jugendherberge (beim Campingplatz, in ...)* absetzen?	Kan ni släppa av oss *vid vandrarhemmet (campingplatsen, i ...)?*	ˇkanī ˇßläpa ą̄w oß wi ˇwandrarˋhämᵉt (ˇkampingˋplatßᵉn, i)
Lassen Sie mich bitte *hier (an der nächsten Kreuzung)* aussteigen.	Får jag stiga av *här (vid nästa korsning)?*	fōr jā ˇßtīga ą̄w hǟr (wi ˇnäßta ˇkoʳßning)
Danke fürs Mitnehmen.	Tack för att jag fick åka med.	tak för at jā fik ˇōka mē

Parken

Wo kann ich meinen Wagen (über Nacht) abstellen?	Var kan jag parkera min bil (över natten)?	wār kan jā parkę̄ra min bīl (ǭwer nątᵉn)
Ist hier in der Nähe *eine Garage (ein Parkplatz)?*	Finns det *ett garage (en parkeringsplats)* här i närheten?	finß dē et garą̄sch (en parˇkēringßˋplatß) hǟr i ˇnǟrhētᵉn
Ist der Parkplatz bewacht?	Är parkeringsplatsen bevakad?	ē parˇkēringßˋplatßᵉn bewą̄kad
Kann ich den Wagen hier stehenlassen?	Kan jag låta bilen stå här?	kan jā ˇlōta bį̄lᵉn ßtō hǟr

Panne und Unfall

***Ich habe (Wir haben)* eine Panne.**	*Jag har (vi har)* fått motorstopp.	jā hār (wī hār) fot ˇmūtoʳßtop
Kann ich bei Ihnen telefonieren?	Kan jag få telefonera / (ringa) hos er?	kan jā fō telefonę̄ra (ˇringa) huß ēr
Ich habe eine Reifenpanne.	Jag har fått punktering.	jā hār fot pŭnktę̄ring
Wir haben kein Benzin.	Vi har ingen bensin.	wī hār ˇingᵉn bänßį̄n
Würden Sie mich bis zur nächsten *Tankstelle (Notrufsäule, Reparaturwerkstatt)* mitnehmen?	Skulle jag kunna få följa med till närmaste bensinstation *(hjälptelefon, reparationsverkstad)?*	ˇßkŭlᵉ jā ˇkŭna fō ˇfölja mę̄ til ˇnärmaßtᵉ bänˇßīnßtaˋschūn (ˇjälpteleˋfōn, reparaˇschūnßwärkßta)
Könnten Sie mir einen *Abschleppwagen (Mechaniker)* schicken?	Kan ni skicka en *bärgningsbil (bilmekaniker)?*	ˇkanī ˇschika en ˇbärjningßˋbīl (ˇbīlmekānikᵉr)
Können Sie mir ... leihen?	Kan ni låna mig ...?	ˇkani ˇlōna mäj
– Ihren Wagenheber	– er domkraft	ēr ˇdumkraft
– einen Kreuzschlüssel	– ett fälgkors	et ˇfäljkoʳß
– einen Schraubenzieher	– en skruvmejsel	en ˇßkrʉ̄wmejßel
– eine Zange	– en tång	en tong
– einen Zündkerzenschlüssel	– en tändstiftsnyckel	en ˇtändßtiftßˋnükᵉl
– ein Stück Draht	– en bit ståltråd	en bīt ˇstōltrōd
Der Motor springt nicht an.	Motorn startar inte.	ˇmūtoʳn ˇßtaʳtar ˇinte
Könnten Sie ...	Skulle ni kunna ...	ˇßkŭlᵉ nī ˇkŭna
– mir beim Anschieben helfen?	– hjälpa mig att skjuta på?	ˇjälpa mäj at ˇschʉ̄ta pǭ
– mir Starthilfe geben?	– ge mig starthjälp?	jē mäj ˇßtaʳtjälp

– den Wagen abschleppen?	– bogsera bort bilen?	bukßẹra bo^{r}t bīḷ^{e}n
– mich ein Stück mitnehmen?	– ta med mig en bit?	tā mẹ̄ mäj en bīt
Wir haben einen Unfall gehabt.	Vi har haft ett olycksfall.	wī hār haft et ˇūlükßfal
Rufen Sie bitte ...	Kan ni ringa ...	ˇkanī ˇringa
– die Polizei.	– polisen.	pulīß^{e}n
– einen Krankenwagen.	– efter en ambulans.	ˇäft^{e}r en ambŭlanß
– einen Arzt.	– en läkare.	en ˇlākar^e
Sind Sie verletzt?	Är ni skadad?	ē nī ˇßkādad
Es ist niemand verletzt.	Det är ingen som är skadad.	dē ē ˇing^{e}n ßom ē ˇßkādad
Zwei Personen sind (schwer) verletzt.	Två personer är (svårt) skadade.	twō pä^{r}ßūn^{e}r ē (ßwō^{r}t) ˇßkādad^e
Bitte geben Sie mir Ihren Namen und *Ihre Adresse (Ihre Versicherung)* an.	Kan jag få ert namn och *er adress (ert försäkringsbolag och försäkringsnummer)*.	kan jā fō ē^{r}t namn o ēr adreß (ē^{r}t fö^{r}ˇßākringß-ˋbulāg o fö^{r}ˇßākringß-ˋnüm^{e}r)
Es ist nur ein Blechschaden.	Det är bara plåtskador.	dē ē ˇbāra ˇplōtßkād^{e}r
Es ist *Ihre (meine)* Schuld.	Det var *ert (mitt)* fel.	dē wā ē^{r}t (mit) fēl
Ich hatte Vorfahrt.	Jag hade förkörsrätt.	jā ˇhad^e ˇfö^{r}tchō^{r}ßˋrät

Tanken

Wo ist die nächste Tankstelle?	Var ligger närmaste bensinstation?	wā^r lig^{er} ˇnärmaßt^e bänˇßīnßtaˋschūn
Ist es weit?	Är det långt dit?	ē dē longt dīt
Bitte 20 Liter ...	20 liter ... bensin.	ˇtchʉg^e līt^{e}r ... bänßīn
– Normalbenzin.	– 93 oktanig	nititrẹ̄ oktāni(g)
– Super / Diesel.	– 98 oktanig / diesel	nitiˇota oktāni(g) / dīß^{e}l
– bleifrei.	– blyfri	ˇblʉ̄frī
– Zweitaktmischung	– oljeblandad	ˇolj^{e}blandad
Ich möchte für ... Kronen Benzin.	Jag skulle vilja ha för ... kronor bensin.	jā ˇßkŭl^e ˇwil(j)a hā för ... ˇkrūn^{e}r bänßīn
Bitte volltanken!	Full tank, tack!	fŭl tank tak
Füllen Sie bitte auch den Reservekanister.	Fyll reservdunken också.	fül reˇßärwdŭnk^{e}n ˇokßo
Ich habe von der Pumpe Nummer ... getankt.	Jag har tankat vid pump nummer ...	jā hā^r ˇtankat wi pŭmp nŭm^{e}r

Bedienungsleistungen wie Tanken, Ölstandprüfen usw. werden normalerweise nicht an schwedischen Tankstellen ausgeführt.

Ich möchte ... haben.	Jag skulle vilja ha ...	jā ˇßkŭl^e ˇwil(j)a hā
– eine Wagenwäsche	– biltvätt.	ˇbīltwät
– Wasser für *den Kühler (die Scheibenwaschanlage)*	– *kylvätska (vindrutespolarvätska)*.	ˇtchʉ̄lwätßka (ˇwin(d)-rʉ̄t^{e}ßpūlarˋwätßka)
– Frostschutzmittel	– frostskyddsmedel.	ˇfroßtschütßˋmēd^{e}l
– destilliertes Wasser	– destillerat vatten.	ˇdeßtilērat wat^{e}n
– 1 Liter Motorenöl	– 1 liter motorolja.	en līt^{e}r ˇmūtorolja
– Bremsflüssigkeit	– bromsvätska.	ˇbromßwätßka

Werkstatt, Reparatur und Service

Gibt es hier eine Autowerkstatt?	Finns det en bilverkstad här?	fiṇß dē en ˇbīlwärkßta hā̈r
... ist nicht in Ordnung.	Det är något fel på ...	dē ē nō(g^{e}) fēl pō
Kann ich damit noch fahren?	Kan jag köra med den?	kan jā ˇtchō̈ra mē dän
Können Sie das *(gleich, bis ...)* reparieren?	Kan du reparera det *(med det samma, till ...)?*	kan dʉ̈ reparẹ̄ra dē (mē dē sạma, til)
Machen Sie bitte nur die nötigsten Reparaturen.	Gör bara de allra nödvändigaste reparationerna.	jō̈r ˇbāra de ˇalra ˇnō̈dwändigaßt^{e} reparaschụ̄n^{er}na
Der Kühler ist undicht.	Kylaren är inte tät.	ˇtchṻla^{r}n ē ˇint^{e} tā̈t
Der Auspuff hat ein Loch.	Det är hål på avgasröret.	dē ē họl pō ˇāvgāßrō̈r^{e}t
Die Warnlampe leuchtet.	Varningslampan lyser.	ˇwā^{r}ningß`lampan lụ̄ßer
Der Motor **– stottert / klopft.** **– geht im Leerlauf aus.** **– springt *nicht (schwer)* an.**	Motorn – hackar / hostar. – stannar vid tomgång. – startar *inte (dåligt).*	ˇmūto^{r}n ˇhakar / ˇhußtar ˇßtanar wi ˇtumgong ˇßta^{r}tar ˇinte (ˇdōlit)
Aus dem Getriebe tropft Öl.	Det droppar olja från växellådan.	dē ˇdropar ˇolja fron ˇwäkßelōdan
Das Türschloß klemmt.	Dörrlåset går trögt.	ˇdörlōß^{e}t gō^{r} trō̈kt
Die Bremsen ziehen nach *rechts (links).*	Bromsarna drar åt *höger (vänster).*	ˇbromßa^{r}na drār ōt họ̄ger (wạnßter)
Der 2. Gang springt heraus.	Tvåans växel hoppar ur.	ˇtwōanß wạkß^{e}l ˇhopar ʉ̈r
Bitte prüfen Sie ... **– den Ölstand.** **– den Reifendruck.** **– das Kühlwasser.** **– die Batterie.**	Kan du kontrollera ... – oljan. – däcktrycket. – kylvattnet. – batteriet.	kan dʉ̈ kontrolẹ̄ra ˇoljan ˇdäktrük^{e}t ˇtchṻlwatn^{e}t baterị̄^{e}t
Füllen Sie bitte Öl nach.	Kan du fylla på olja.	kan dʉ̈ ˇfüla pọ ˇolja
Machen Sie bitte einen Ölwechsel.	Kan du byta olja.	kan dʉ̈ ˇbṻta olja
Laden Sie bitte die Batterie auf.	Kan du ladda batteriet.	kan dʉ̈ ˇlada baterị̄^{e}t
Bitte pumpen Sie den Reservereifen auf.	Kan jag få luft i reservdäcket.	kan jā fō lŭ̈ft i reˇßärwdäk^{e}t
Reparieren Sie bitte diesen *Reifen (Schlauch).*	Kan du laga det här *däcket (slangen).*	kan dʉ̈ ˇlaga dē hā̈^{r} dạk^{e}t (ßlạng^{e}n)
Bitte *reinigen (wechseln)* Sie die Zündkerzen.	Kan du *göra ren (byta)* tändstiften.	kan dʉ̈ ˇjöra rẹ̄n (ˇbṻta) ˇtän(d)ßtift^{e}n
Wechseln Sie bitte diese Birne aus.	Kan du byta ut den här glödlampan.	kaṇ dʉ̈ ˇbṻta ʉ̈t dän hā̈r ˇglō̈dlampan

Wortliste

Anlasser	självstart, -en, -er	ˇschälwßta^{r}t
Auspuff	avgasrör, -et, -	ˇāwgāß`rō̈r
Benzinpumpe	bensinpump, -en, -ar ...	bänˇßīnpṻmp
Blinker	blinker, -n, -s	blịnk^{e}r
Bremsen	broms, -en, -ar	bromß
Bremslicht	bromsljus, -et, -	ˇbromßjʉ̈ß
Gangschaltung	växling, -en, -ar	ˇwäkßling
Hupe	tuta, -n, -or	ˇtʉ̈ta

Kabel	kabel, -n, -ar	ˇkāb^{e}l
Keilriemen	fläktrem, -men, -mar	ˇfläktrem
Kompression	kompression, -en	kompreschụ̄n
Kontakt	kontakt, -en, -er	kontạkt
Kontrollampe	kontrollampa, -n, -or	konˇtrolampa
Kupplung	koppling, -en, -ar	ˇkọpling
Lenkung	styrning, -en, -ar	ˇßtǖ^{r}ning
Rücklicht	bakljus, -et, -	ˇbākjʉ̄ß
Rückspiegel	backspegel, -n, -ar	ˇbakßpēg^{e}l
Rückwärtsgang	backväxel, -n, -ar	ˇbakwäkß^{e}l
Scheibenwischer	vindrutetorkare, -n, -	ˇwinrʉ̄t^{e}ˋtorkar^{e}
Scheinwerfer	strålkastare, -n, -	ˇßtrōlkaßtar^{e}
Stoßdämpfer	stötdämpare, -n, -	ˇßtȫtdämpar^{e}
Ventilator	ventilator, -n, -er	wäntilạ̄tor
Vergaser	förgasare, -n, -	förgạ̄ßar^{e}
Windschutzscheibe	vindruta, -n, -or	ˇwinrʉ̄ta
Zündkerze	tändstift, -et, -	ˇtänßtift
Zündschlüssel	tändningsnyckel, -n, -ar	ˇtän(dn)ingßnük^{e}l
Zündung	tändning, -en, -ar	ˇtän(dn)ing

Bus-, Bahn-, Flug- und Schiffsreisen

Im Reisebüro

Wie komme ich am besten nach …?	Hur kommer jag bäst till …?	hʉ̄r kọm^{e}r jā bäßt til
Fährt ein *Zug (Bus, Schiff)* nach …?	Går det *ett tåg (en buss, en båt)* till …?	gō^{r} dē et tōg (en bŭ̄ß, en bōt) til
Gibt es eine (Auto-) Fähre nach …?	Går det en (bil)färja till …?	gō^{r} dē en (bīl)ˇfärja til
Fährt der *Bus (Zug)* direkt nach …?	Går *den här bussen (det här tåget)* direkt till …?	gọ̄^{r} dän hā̄r bŭ̄ß^{e}n (dē hā̄r tọ̄g^{e}t) dirẹkt til
Muß ich umsteigen?	Måste jag byta?	ˇmoßt^{e} jā ˇbǖta
Bitte für den Zug nach …	Jag skulle vilja ha …	jā ˇßkŭ̄l^{e} ˇwil(j)a hā
– eine einfache Fahrt.	– en enkel biljett till …	en ẹnk^{e}l biljạt til
– eine Rückfahrkarte.	– en tur och retur till …	en tʉ̄r o retʉ̄r til
– eine Platzkarte.	– en platsbiljett till …	en ˇplatßbilˋjät til
– eine Liegewagenkarte.	– en liggvagnsbiljett.	en ˇligwangnßbilˋjät
– eine Schlafwagenkarte.	– en sovvagnsbiljett.	en ˇßōwangnßbilˋjät
Ich möchte einen Flug nach … buchen am …	Jag skulle vilja boka en flygbiljett till … den …	jā ˇßkŭ̄l^{e} ˇwil(j)a ˇbūka en ˇflǖgbilˋjät til … dän
Ich möchte diesen Flug *annullieren (bestätigen)*.	Jag skulle vilja *avbeställa (bekräfta)* den här flygbiljetten.	jā ˇßkŭ̄l^{e} ˇwil(j)a ˇāwb^{e}ßtäla (b^{e}krạfta) dän hā̄r ˇflǖgbilˋjät^{e}n
Gibt es auch Charterflüge?	Finns det charterflyg också?	finß dē ˇtchā^{r}t^{e}rflǖg ˇokßo
Fährt ein Autoreisezug nach …?	Går det ett biltåg till …?	gō^{r} dē et ˇbīltōg til
Schreiben Sie mir bitte die Abfahrts- und Ankunftszeiten auf.	Kan ni skriva upp avgångs- och ankomsttiderna åt mig?	ˇkanī ˇßkrīwa ŭ̄p ˇāwgongß o ˇankomßtˋtī-d^{er}na ōt mäj

Ich möchte eine *Kreuzfahrt (Rundfahrt)* machen.	Jag skulle vilja göra en *kryssning (rundtur).*	jā ˇßkŭlᵉ ˇwil(j)a ˇjō̄ra en ˇkrüßning (ˇrüntür)
Bitte ...	Kan jag få ...	kan jā fō
– eine Einzelkabine.	– en enkel hytt.	en ˇeṇkel hüt
– eine Zweibettkabine.	– en dubbel hytt.	en ˇdübᵉl hüt
– eine Innenkabine.	– en insides hytt.	en ˇinßīdᵉß hüt
– eine Außenkabine.	– en utsides hytt.	en ˇütßīdᵉß hüt
Wie komme ich zum *Bahnhof (Flugplatz, Hafen)?*	Hur kommer jag till *stationen (flygplatsen, hamnen)?*	hür kọmᵉr jā til ßtaschụnᵉn (ˇflūgplatßᵉn, hạmnᵉn)
Wann muß ich dort sein?	När måste jag vara där?	nǟr ˇmoßtᵉ jā wāra dǟr

Mit dem Bus

Wo hält der Bus nach ...?	Var stannar bussen till ...?	wāʳ ˇßtanar bụ̈ßᵉn til
Fährt dieser Bus nach ...?	Går den här bussen till ...?	gōʳ dän hǟr bụ̈ßᵉn til
Wann fährt *ein (der erste, der letzte)* Bus nach ...?	När går det *en buss (den första, den sista bussen)* till ...?	nǟr gōʳ dē en bụ̈ß (dän ˇfōʳßta, dän ˇßißta bụ̈ßᵉn) til
Sagen Sie mir bitte, wo ich aussteigen muß.	Kan ni säga till, var jag skall stiga av.	ˇkanī ˇßäja tịl wār jā ßka ˇßtīga ạ̄w

Auf dem Bahnhof / Im Zug

Ich möchte diesen Koffer nach ... aufgeben.	Jag skulle vilja polletera den här resväskan till ...	jā ˇßkụ̆lᵉ ˇwil(j)a poletẹ̄ra dän hạ̈ ˇrēßwäßkan til
Wo sind die Schließfächer?	Var finns förvarings-boxarna?	wār finß förˇwāringß-ˋbokßaʳna
Ist das der Zug nach ...?	Är det här tåget till ...?	ē de hạ̈ʳ tọ̄gᵉ til

ANKOMST	**Ankunft**
AVGÅNG	**Abfahrt**
BILJETTER	**Fahrkarten**
CAFÉVAGN	**Büfettwagen**
FÖRVARING	**Aufbewahrung**
FÖRVARINGSBOXAR	**Schließfächer**
HISS TILL PLATTFORMEN	**Fahrstuhl zum Bahnsteig**
HITTEGODS	**Fundbüro**
LIGGVAGN	**Liegewagen**
NÖDBROMS	**Notbremse**
RESGODS	**Gepäckabfertigung**
RESTAURANGVAGN	**Speisewagen**
SOVVAGN	**Schlafwagen**
SPÅR	**Gleis**
TOALETTER	**Toiletten**
TVÄTTRUM	**Waschraum**
UPPTAGET / LEDIGT	**besetzt / frei**
VÄNTSAL	**Wartesaal**
ÖPPNAR / STÄNGER	**öffnet / schließt**

Wo kommt der Zug aus ... an?	På vilket spår kommer tåget från ...?	po ˇwik^e ßpōr kọm^{e}r tọ̄g^e frōn
Hat der Zug (aus ...) Verspätung?	Är tåget (från ...) försenat?	ē tọ̄g^e (frōn ...) fö^{r}ßẹ̄nat
Verzeihung, ist dieser Platz frei?	Ursäkta, är den här platsen ledig?	ˇʉ̄^{r}ßäkta ē dän hạ̿r plạtß^{e}n ˇlēdi
Das ist mein Platz.	Det där är min plats.	dē dạ̿r ē min platß
Darf ich das Fenster *öffnen (schließen)*?	Får jag *öppna (stänga)* fönstret?	fōr jā ˇöpna (ˇßtänga) fọ̄nßtr^{e}t
Hat dieser Zug einen Speisewagen?	Finns det en restaurangvagn i det här tåget?	finß dē en reßtoˇrang-vangn i dē hạ̿r tọ̄g^{e}t
Sind wir pünktlich in ...?	Kommer vi punktligt till ...?	kọm^{e}r wī ˇpü̆nktlit til

Auf dem Flughafen / Im Flugzeug

ANKOMST	**Ankunft**
AVGÅNG	**Abflug**
BAGAGEUTLÄMNING	**Gepäckausgabe**
GATE	**Ausgang**
INFORMATION	**Information**
NÖDUTGÅNG	**Notausgang**
RÖKNING FÖRBJUDEN	**Rauchen verboten**
SPÄNN FAST SÄKERHETSBÄLTET	**Anschnallen, bitte**
UTGÅNG	**Ausgang**

Wo ist der Schalter der Lufthansa?	Var är Lufthansas inbokningsdisk?	wār ē ˇlü̆fthanßaß ˇin-būkningßdißk
Kann ich das als Handgepäck mitnehmen?	Kan jag ta med det här som handbagage?	kan jā tā mē dē hạ̿r som ˇhanbagāsch
Bitte einen Platz am *Gang (Fenster)*.	Kan jag få en *plats vid gången (fönsterplats)*.	kan jā fō en platß wi gọng^{e}n (ˇfönßt^{e}rplatß)
Raucher / Nichtraucher	Rökare / Icke rökare	ˇrö̿kar^e / ˇik^e ˇrö̿kare
Wo kann ich zollfreie Waren kaufen?	Var kan jag köpa tullfria varor?	wạ̄ kan jā ˇtchö̿pa ˇtülfrīa ˇwār^{e}r
Wo ist der *Informationsschalter (Ausgang B)*?	Var finns *informationsdisken (utgång B)?*	wār finß informa-ˇschūnßdißk^{e}n (ˇʉ̄tgong bē)
Eine Reisetasche fehlt.	En resväska fattas.	en ˇrēßwäßka ˇfataß
Dieser Koffer ist beschädigt.	Den här resväskan är skadad.	dän hā̿ ˇrēßwäßkan ē ˇßkādad
Wo fährt der Bus *in die Stadt (zum Hotel ...)* ab?	Varifrån går bussen till *staden (hotellet)?*	ˇwārifrōn gōr bü̆ß^{e}n til ßtān (hutạ̈l^{e}t)
Hat die Maschine nach ... Verspätung?	Är planet till ... försenat?	ē plạ̄n^e til ... fö^{r}ßẹ̄nat
Ist die Maschine aus ... schon gelandet?	Har planet från ... redan landat?	hār plạ̄n^{e}t frōn ... ˇrēdan ˇlandat
Wo sind wir jetzt?	Var är vi nu?	wār ē wī nʉ̄
Welche Stadt ist das?	Vilken stad är det här?	ˇwik^{e}n ßtād ē dē hạ̿r
Was ist das für ein *Fluß (See, Gebirge)*?	Vad är det här för en *flod (sjö, bergskedja)?*	wā ē dē hạ̿r för en flūd (schö̿, ˇbärjßtchēdja)
Mir ist schlecht.	Jag mår illa.	jā mōr ˇila
Bringen Sie mir bitte ...	Kan ni ge mig ...	ˇkanī jē mäj

– **ein Glas Wasser.**	– ett glas vatten.	et glāß vạt^{e}n
– **eine Kopfschmerztablette.**	– en huvudvärkstablett.	en ˇhŭw^{e}wärkßta`blät
– **ein Mittel gegen Luftkrankheit.**	– ett medel mot luftsjuka.	et mẹ̄d^{e}l mūt ˇlŭftschʉ̈ka

Im Hafen / An Bord

Wann fährt *ein Schiff (ein Luftkissenboot, eine Fähre)* nach ...?	När går det en *båt (svävare, färja)* till ...?	nā̄r gō^{r} dē en bōt (ˇßwā̄war^{e}, ˇfärja) til
Ich möchte eine Karte für die Rundfahrt um ... Uhr.	Jag skulle vilja ha en biljett till rundturen klockan ...	jā ˇßkŭl^{e} ˇwil(j)a hạ̄ en biljạ̈t til ˇrüntʉ̈r^{e}n ˇklokan ...
Fährt dieses Schiff nach ...?	Går den här båten till ...?	gō^{r} dän hā̄r bọ̄t^{e}n til
Wo liegt die „...“?	Var ligger „...“?	wā^{r} lịg^{e}r
Wie lange dauert die Überfahrt?	Hur lång tid tar överfarten?	hʉ̈^{r} long tī tār ˇō̄w^{e}rfā^{r}t^{e}n
Wann legen wir an?	När lägger vi till?	nā^{r} läg^{e}r wī tịl
Wie lange haben wir Aufenthalt?	Hur länge stannar vi?	hʉ̈^{r} ˇlänge ˇßtanar wī
Haben Sie ein Mittel gegen Seekrankheit?	Har ni ett sjösjukemedel?	ˇhā^{r} nī et ˇschō̄schʉ̈k^{e}-`mēd^{e}l
Ich suche ...	Jag letar efter ...	jā ˇlētar ˇäft^{e}r
– **das Parkdeck.**	– bildäck.	ˇbīldäk
– **die Kabine Nr. ...**	– hytt nummer ...	hüt nụm^{e}r
– **den Funkraum.**	– telegrafistrummet.	telegraˇfißtrŭm^{e}t
– **den Schiffsarzt.**	– skeppsläkaren.	ˇschepßlā̄ka^{r}n

Wortliste

Deck	däck, -et, -	däk
Hafen	hamn, -en, -ar	hamn
Kapitän	kapten, -en, -er	kaptẹn
Rettungsboot	livbåt, -en, -ar	ˇlīvbōt
Rettungsring	frälsarkrans, -en, -ar	ˇfrälßarkranß
Schwimmweste	flytväst, -en, -ar	ˇflū̄twäßt
Seegang	sjögång, -en, -ar	ˇschō̄gong
Steward	steward, -en, -s	ßtjụ^{er}d

Grenz- und Zollformalitäten

GRÄNS	**Grenze**
INGENTING ATT FÖRTULLA	**Nichts zu verzollen**
PASSKONTROLL	**Paßkontrolle**
SÄKERHETSKONTROLL	**Sicherheitskontrolle**
TULL	**Zoll**
TULLPLIKTIGA VAROR	**Zollpflichtige Waren**

Ich bin auf *Geschäftsreise (Urlaubsreise).*	Jag är på *affärsresa (semesterresa).*	jā ē pō aˇfā̄^{r}ßrēßa (ßeˇmeßt^{e}rēßa)
Ich gehöre zur Reisegruppe von ...	Jag tillhör resegruppen från ...	jā ˇtilhō̄r ˇrēß^{e}grŭp^{e}n frōn

Die Kinder sind in meinem Paß eingetragen.	Barnen är införda i mitt pass.	bā̧ʳnᵉn ē ˇinfȫʳda i mit paß
Ich *besuche (wohne bei)* . . .	Jag *besöker (bor hos)* . . .	jā bᵉßǭkᵉr (būr huß)
Ich möchte mit meinem Konsulat telefonieren.	Jag skulle vilja ringa till mitt konsulat.	jā ˇßkŭ̄lᵉ ˇwi̧l(j)a ˇringa til mit konsūlā̧t
Ich habe nichts zu verzollen.	Jag har ingenting att förtulla.	jā hā̧r ˇingᵉnting at föʳtu̧la
Ich habe nur Sachen für den persönlichen Bedarf.	Jag har bara personliga tillhörigheter.	jā hār ˇbāra päʳˇßūnlia ˇtilhörihētᵉr
Ich habe nur ein paar *Geschenke (Reiseandenken).*	Jag har bara några *presentar (souvenirer)*.	jā hār ˇbāra ˇnōra presą̄ntᵉr (ßuwenī̧rᵉr)
Muß ich das verzollen?	Måste jag förtulla det här?	ˇmoßtᵉ jā föʳtŭ̧̄la dē hā̧̄r

Polizei

Wo ist die nächste Polizeistelle?	Var ligger närmaste polisstation?	wāʳ li̧gᵉʳ ˇnärmaßte puˇlīßtaschūn
Man hat mir . . . gestohlen.	Jag har blivit bestulen på . . .	jā hār ˇblīvit bᵉßtʉ̧̄lᵉn pō
Ich habe . . . verloren.	Jag har tappat . . .	jā hāʳ ˇtapat
– meine Brieftasche	– min plånbok.	min ˇplōnbok
– mein Geld	– mina pengar.	ˇmīna pą̈ngar
– meine Handtasche	– min handväska.	min ˇhanwäßka
– meinen Fotoapparat	– min kamera.	min kā̧mᵉra
– meine Schlüssel	– mina nycklar.	ˇmīna ˇnüklar
– meine Papiere	– mina papper.	ˇmīna ˇpapᵉr
– meine (Reise-) Schecks	– mina (rese) checkar.	ˇmīna ˇ(rēße)tchekar
Mein *Auto (Fahrrad)* ist gestohlen worden.	Min *bil (cykel)* har stulits.	min bīl (ˇßükᵉl) hār ˇßtʉ̄litß
. . . ist verschwunden.	. . . är försvunnen.	. . . ē föʳßwŭ̄nᵉn
Mein Auto ist *aufgebrochen (beschädigt)* worden.	Min bil är *uppbruten (skadad)*.	min bil ē ˇŭ̄pbrʉ̄tᵉn (ˇßkādad)
Ich bin *beraubt (niedergeschlagen)* worden.	Jag har blivit *rånad (nerslagen)*.	jā hār ˇblīvit ˇrōnad (ˇnēʳßlāgᵉn)
Ich möchte eine Vermißtenanzeige aufgeben.	Jag skulle vilja efterlysa en person.	jā ˇßkŭ̄lᵉ ˇwil(j)a ˇäftᵉʳ-lūßa en päʳßū̧n
Ich möchte . . . anzeigen.	Jag skulle vilja anmäla . . .	jā ˇßkŭ̄lᵉ ˇwil(j)a ˇanmǟla
– eine Entführung	– en kidnappning.	en ˇkidnapning
– einen Überfall	– ett överfall.	et ˇȫwᵉrfal
– eine Vergewaltigung.	– en våldtäkt.	en ˇwol(d)täkt
Ich möchte mit *einem Anwalt (dem Konsulat)* sprechen.	Jag skulle vilja tala med *en advokat (konsulatet)*.	jā ˇßkŭ̄lᵉ ˇwil(j)a ˇtāla mē en adwukā̧t (konßᵉlā̧tᵉt)
Ich bin unschuldig.	Jag är oskyldig.	jā ē ˇūschüldi
Ich habe damit nichts zu tun.	Jag har ingenting med det att göra.	jā hā̧r ˇingᵉnting mē dē at ˇjȫra

Bank / Geldwechsel

Wo ist hier eine *Bank (Wechselstube)*?	Var finns det en *bank (ett växelkontor)*?	wār finß dē en bank (et ˇwäkßelkon`tūr)
Wann *öffnet (schließt)* die Bank?	När *öppnas (stängs)* banken?	nǟr ˇöpnaß (ßtängß) bạnken
Ich möchte ... in Kronen umwechseln.	Jag skulle vilja växla ... till kronor.	jā ˇßkūle ˇwil(j)a ˇwäkßla ... til ˇkrūner
– 200 DM	– 200 DM	ˇtwō hündra ˇdēmark
– 1.000 öS	– 1.000 ÖS	tūßen ˇößterīkißka schiling
– 100 sFr	– 100 SF	ˇhündra schwejtßer frang
Wie ist der Kurs für ...?	Vilken kurs är det på ...?	ˇwilken kūrß ē dē po
Ich möchte Geld nach ... überweisen.	Jag skulle vilja överföra pengar till ...	jä ˇßkūle ˇwil(j)a ˇöwerfōra ˇpängar til
Ich möchte mir Geld auf Ihre Bank überweisen lassen.	Jag skulle vilja låta överföra pengar till mig till den här banken.	jā ˇßkūle ˇwil(j)a ˇlōta ˇōwerfōra pạngar til mäj til dän hǟr bạnken
Ist Geld für mich eingegangen?	Har det kommit pengar till mig?	hār dē ˇkomit pạngar til mäj
Ich möchte diesen Scheck einlösen.	Jag skulle vilja lösa in den här checken.	jā ˇßkūle ˇwil(j)a ˇlößa ịn dän hǟr tchẹken
Hier ist meine Scheckkarte.	Här är mitt kontokort.	hǟr ē mit ˇkontukurt
Geben Sie mir bitte auch etwas kleineres Geld.	Kan jag få det i mindre sedlar också.	kan jā fō dē i mịndre ˇßēdlar ˇokßo

KASSA	**Kasse**
LUCKA	**Schalter**
UTLÄNDSK VALUTA	**Devisen**
VÄXELKONTOR	**Wechselstube**
VÄXLING	**Geldwechsel**
VÄXLINGSKURS	**Wechselkurs**

1 svensk krona [ßwänßk ˇkrūna] = 100 öre [ˇōre]

Post / Telefon

Wo ist das nächste Postamt?	Var ligger närmaste postkontor?	wār liger ˇnärmaßte ˇpoßtkontūr
Ich suche einen Briefkasten.	Jag letar efter en brevlåda.	jā ˇlētar ˇäfter en ˇbrēvlōda
Was kostet dieser Brief?	Vad kostar det här brevet?	wā ˇkōßtar dē hǟr brẹvet
Bitte 3 Briefmarken für *eine Karte (einen Brief)* nach Deutschland.	Kan jag få 3 frimärken för *vykort (brev)* till Tyskland.	kan jā fọ trē ˇfrīmärken för ˇwūkurt (brēv) til ˇtüßklan(d)

Diesen Brief bitte ...	Jag skulle vilja skicka det här brevet ...	jā ˇßkŭle ˇwil(j)a ˇschika dē hār brēvet
– mit Luftpost.	– med flygpost.	mē ˇflūgpoßt
– per Einschreiben.	– rekommenderat.	rekomendērat
– als Eilbrief.	– med ilbefordran.	mē ˇīlbefūdran
Wie lange geht ein *Brief (Paket)* nach ...?	Hur lång tid tar ett *brev (paket)* till ...?	hür long tį tār et brēv (pakęt) til
Ich möchte dieses *Paket (Päckchen)* aufgeben.	Jag skulle vilja lämna in det här *paketet (småpaketet)*.	jā ˇßkŭle ˇwil(j)a ˇlämna in dē hār pakētet (ˇßmōpakētet)
Kann ich bei Ihnen auch Sondermarken bekommen?	Kan jag köpa jubileumsfrimärken här också?	kan jā ˇtchōpa jŭbi-ˇlēümßfri`märken hār ˇokßo
Diesen Briefmarkensatz, bitte.	Jag skall be att få det här frimärkshäftet.	jā ßka bē o fō dē hār ˇfrīmärkß`häftet
Ich möchte *Geld (... DM)* von meinem Postsparbuch abheben.	Jag skulle vilja ta ut *pengar (... DM)* på min postsparbanksbok.	jā ˇßkŭle ˇwil(j)a tā üt pängar (... ˇdē mark) pō min ˇpoßtßpārbankß-`būk
Ist Post für mich da?	Finns det någon post till mig?	finß dē non poßt til mäj
Mein Name ist ...	Mitt namn är ...	mit namn ē
Ein Telegrammformular, bitte!	Kan jag få en telegramblankett, tack.	kan jā fō en te-leˇgramblankät tak
Ich möchte ein Telegramm nach ... aufgeben.	Jag skulle vilja skicka ett telegram till ...	jā ˇßkūle ˇwil(j)a ˇschika et telegram til
Wann ist es in ...?	När är det i ...?	nār ē dē i
Was kosten 10 Wörter?	Hur mycket kostar 10 ord?	hür ˇmüke ˇkoßtar ˇtīe ūrd
Kommt das Telegramm heute noch an?	Kommer telegrammet fram redan i dag?	komer telegramet fram ˇrēdan i dā
Wo ist die nächste Telefonzelle?	Var finns närmaste telefonautomat?	wār finß ˇnärmaßte tele-ˇfonatomāt
Können Sie bitte wechseln? Ich brauche ein paar 1-Kronen-Stücke.	Skulle ni kunna växla? Jag behöver några enkronor.	ˇßkūle nī ˇkūna ˇwäkßla jā behōver ˇnōra ˇēn-krūner
Das Telefonbuch, bitte.	Kan jag få låna en telefonkatalog.	kan jā fō ˇlōna en tele-ˇfōnkatalōg
Kann man nach ... durchwählen?	Kan man slå direkt till ...?	kan man ßlō dirękt til
Wie ist die Vorwahl von ...?	Vilket riktnummer är det till ...?	ˇwi(l)ket ˇriktnŭmer ē dē til
Bitte ein Ferngespräch nach ...	Jag skulle vilja ha ett interurbant samtal till ...	jā ˇßkūle ˇwil(j)a hā et ˇinterūrbānt ˇsamtāl til
Muß ich lange warten?	Dröjer det länge?	dröjer dē ˇlänge
Ab wieviel Uhr gilt der Nachttarif?	Från vilket klockslag gäller nattaxan?	frōn ˇwi(l)ket ˇklokßlāg jäler ˇnatakßan
Die Leitung ist besetzt.	Numret är upptaget.	nŭmret ē ˇŭptāget
Es meldet sich niemand.	Abonnenten svarar inte.	abunęnten ˇßwārar ˇinte
Hier spricht Anna Larsson.	Anna Larsson.	ˇana ˇlarßon
Wer ist dort?	Vem är det jag talar med?	wem ē dē jā ˇtālar mē
Kann ich bitte *Herrn (Frau, Fräulein)* ... sprechen.	Kan jag få tala med *herr (fru, fröken)* ...	kan jā fō ˇtāla mē här (frü, frōken)

Unterkunft

Hotel und Pension

Wie komme ich zum Hotel ...?	Hur kommer jag till hotell ...?	hʉ̄(r) kọm^{e}r jā ti(l) hutạl
Für mich ist hier ein Zimmer reserviert.	Jag har låtit reservera ett rum här.	jạ hā^r ˇlōti(t) resärvẹ̄ra et rŭm hǟr
Haben Sie ein *Einzelzimmer (Doppelzimmer)* frei?	Har ni ett *enkelrum (dubbelrum)* ledigt?	ˇhā^r nī ẹt ˇänk^{e}lrŭm (ˇdŭb^{e}lrŭm) ˇlēdit
– für eine *Nacht (Woche)*	– för en *natt (vecka)*	för en nat (ˇwäka)
– für *2 (14)* Tage	– för *2 (14)* dagar	för twō (ˇfjū^{r}ton) dār
– mit Dusche / WC	– med dusch / WC	mē dŭsch / ˇwēßē
– mit Bad / Balkon	– med bad / balkong	mē bād / balkọng
– mit Blick aufs Meer	– med havsutsikt	mē ˇhafßʉ̄tßikt
– zur Landseite	– med utsikt åt landsidan	mē ˇʉ̄tßikt ōt ˇlandßīdan
Kann ich das Zimmer ansehen?	Kan jag få titta på rummet?	kan jā fō ˇtita pō rŭm^{e}t
Können Sie mir noch ein anderes Zimmer zeigen?	Kan ni visa (mig) ett annat rum också?	kạnī ˇwīßa (mäj) et ˇanat rŭm ˇokßo
Es ist sehr schön.	Det är mycket bra.	dē ē ˇmük^e brā
Ich nehme es.	Jag tar det här.	jā tā^r dē hǟr
Was kostet das Zimmer pro *Tag (Woche)?*	Hur mycket kostar rummet per *dag (vecka)?*	hʉ̄(r) ˇmük^e ˇkoßta rŭm^{e}t pä^r dā (ˇwäka)
– *mit (ohne)* Frühstück	– *med (utan)* frukost	mē (ˇʉ̄tan) ˇfrūkoßt
– mit Halbpension	– med halvpension	mē ˇhalwpangschūn
– mit Vollpension	– med helpension	mē hēlpangschūn
Ist alles inbegriffen?	Är allt inräknat?	ē alt ˇinrǟknat
Gibt es eine Ermäßigung für Kinder?	Finns det rabatt för barn?	finß dē rabạt för bā^{r}n
Können Sie ein Kinderbett in das Zimmer stellen?	Kan ni ställa in en barnsäng i rummet?	ˇkanī ˇßtạla in en ˇbā^{r}nßäng i rŭm^{e}t
Können Sie das Gepäck holen lassen?	Kan ni hämta bagaget?	ˇkanī ˇhämta bagạ̄sch^{e}t
Es ist *auf dem Bahnhof (am Flugplatz, im Auto).*	Det finns *på stationen (på flygplatsen, i bilen)*	dē finß po ßtaschūn^{e}n (po ˇflūgplatß^{e}n, i bīl^{e}n)
Haben Sie *einen Parkplatz (eine Garage)?*	Finns det *en parkeringsplats (ett garage)?*	finß dē en parˇkēringßplatß (et garạ̄sch)
Können Sie diese *Wertsachen (Papiere)* aufbewahren?	Kan jag få lämna in de här *värdesakerna (papprena)?*	kạn jā fō ˇlämna ịn dē hǟr ˇwǟ^{r}d^{e}ßāk^{er}na (ˇpapr^{e}na)
Wo ist der *Frühstücksraum (Speisesaal)?*	Var ligger *frukostrummet (restaurangen)?*	wā^r lịg^{e}r ˇfrūkoßtrŭm^{e}t (reßtorạng^{e}n)
Wann sind die Essenszeiten?	Mellan vilka tider kan man äta?	ˇmälan ˇwi(l)ka ˇtīd^{e}r kan man ˇǟta
Wecken Sie mich bitte morgen früh um ... Uhr.	Kan ni väcka mig klockan ... i morgon bitti?	ˇkanī ˇwäka mäj ˇklokan ... i ˇmoron ˇbiti
Ist Post für mich da?	Har det kommit post till mig?	hā^r dē ˇkomit pọßt ti(l) mäj
Kann ich von meinem Zimmer aus nach ... telefonieren?	Kan jag ringa till ...från mitt rum?	kan jạ ˇringa ti(l) ... frōn mit rŭm

Verbinden Sie mich bitte mit Nr. . . .	Kan jag få ett samtal till . . .	kan jā fō et ˇsamtāl til
Haben Sie Briefmarken?	Har ni frimärken?	ˇhā^{r} nī ˇfrīmärk^{e}n
Kann ich bei Ihnen *Geld umtauschen (Euroschecks einlösen)?*	Kan jag *växla pengar (lösa in checkar)* här?	kan jā ˇwäkßla pängar (ˇlōßa in ˇtchekar) hār
Können Sie mir noch *eine Decke (ein Kopfkissen; ein paar Kleiderbügel)* bringen?	Kan jag få *en* extra *filt (huvudkudde; ett par* extra *galgar)?*	kan jā fō en ˇekßtra filt (ˇhüw^{e}küd^{e}; et pār ˇekßtra ˇgaljar)
Die Dusche funktioniert nicht.	Duschen fungerar inte.	düsch^{e}n füngg̣ērar ˇint^{e}
Der Wasserhahn tropft.	Vattenkranen droppar.	ˇwat^{e}nkrān^{e}n ˇdropar
Das Licht brennt nicht.	Lampan lyser inte.	ˇlampan lüß^{e}r ˇint^{e}
Der Abfluß ist verstopft.	Det är stopp i avloppet.	dē ē ßtop i ˇāwlop^{e}t
Es kommt kein (warmes) Wasser.	Det kommer inget (varm-)vatten.	dē kom^{e}r ˇinge (ˇwarm-) wat^{e}n
Ich habe meinen Schlüssel *im Zimmer liegenlassen (verloren).*	Jag har *glömt min nyckel på rummet (tappat min nyckel).*	jā hār glömt min ˇnük^{e}l pō rüm^{e}t (ˇtapat min ˇnük^{e}l)
Aus meinem Zimmer ist . . . gestohlen worden.	. . . har försvunnit från mitt rum.	. . . hār fö^{r}ßwünit frōn mit rüm
Wir reisen morgen ab.	Vi reser i morgon.	wī rēß^{e}r i ˇmoron
Machen Sie bitte die Rechnung fertig.	Kan ni göra i ordning räkningen?	ˇkanī ˇjōra i ˇo^{r}dning ˇrākning^{e}n
Es war sehr schön hier.	Det var mycket bra här.	dē wār ˇmük^{e} brā hār
***Ich komme (Wir kommen)* nächstes Jahr wieder.**	*Jag kommer (Vi kommer)* tillbaka nästa år.	jā kom^{er} (wī kom^{er}) ti(l)bāka ˇnäßta ōr
Kann ich den Koffer noch bis 16 Uhr hierlassen?	Kan jag få ställa in resväskan här till kl 16?	kan jā fō ˇßtäla in ˇrēßwäßkan hā^{r} ti(l) ˇklokan ˇßäkßton
Rufen Sie bitte ein Taxi.	Kan ni beställa en taxi åt mig?	ˇkanī b^{e}ßtäla en ˇtakßi ōt mäj

Wortliste

Aschenbecher	askkopp, -en, -ar	ˇaßkop
Bettwäsche	sängkläder	ˇßängklād^{e}r
Empfang	reception, -en, -er	reßepschūn
Fahrstuhl	hiss, -en, -ar	hiß
Fenster	fönster, -et, -	fönßt^{e}r
Glühbirne	glödlampa, -n, -or	ˇglōdlampa
Handtuch	handduk, -en, -ar	ˇhandük
Heizung	värmeledning, -en, -ar	ˇwärm^{e}lēdning
Klimaanlage	luftkonditionering, -en, -ar	ˇlüftkondischuˋnēring
Klingel	ringklocka, -n, -or	ˇringkloka
Kühlschrank	kylskåp, -et, -	ˇtchülßkōp
Lampe	lampa, -n, -or	ˇlampa
Lichtschalter	kontakt, -en, -er	kontakt
Liegestuhl	vilstol, -en, -ar	ˇwīlßtūl
Schlüssel	nyckel, -n, -ar	ˇnük^{e}l
Schrank	skåp, -et, -	ßkōp
Steckdose	(elektriskt) uttag, -et, -	(elektrißkt) ˇütāg
Toilettenpapier	toalettpapper, -et, -	tuaˇlätpap^{e}r
Tür	dörr, -en, -ar	dör
Vorhang	gardin, -en, -er	ga^{r}dīn
Waschbecken	tvättställ, -et, -	ˇtwätßtäl
Wasserglas	vattenglas, -et, -	ˇwat^{e}nglāß

Jugendherberge und Camping

Gibt es hier *eine Jugendherberge (einen Campingplatz)*?	Finns det *ett vandrarhem (en campingplats)* här?	finß dē et ˇwand^{r}arhäm (en ˇkampingplatß) hǟr
Wieviel kostet eine Übernachtung?	Hur mycket kostar det för en natt?	hʉ(r) ˇmük^{e} ˇkoßta^{r} dē för en nat
Haben Sie noch Platz für *ein Zelt (einen Wohnwagen)*?	Finns det ännu plats för *ett tält (en husvagn)?*	finß dē ˇänŭ platß för et tält (en ˇhʉßwangn)
Wie hoch ist die Gebühr ...	Hur hög är avgiften ...	hʉ(r) hȫg ē ˇāwjift^{e}n
– pro Person und Tag?	– per person och dag?	pär pä^{r}ßu̥n o dā
– für den Wohnwagen?	– för husvagnen?	för ˇhʉßwangn^{e}n
– für das *Auto (Zelt)*?	– för *bilen (tältet)?*	för bi̥l^{e}n (tḁ̈lt^{e}t)
Vermieten Sie auch Bungalows?	Hyr ni ut stugor också?	ˇhǖ^{r} nī ʉt ˇßtʉg^{e}r ˇokßo
Wir bleiben ... *Tage (Wochen).*	Vi stannar ... *dagar (veckor).*	wī ˇßtanar ... dār (ˇwäk^{e}r)
Wo sind die *Toiletten (Waschräume)*?	Var finns *toaletterna (tvättrummen)?*	wār finß tualḁ̈t^{er}na (ˇtwätrŭm^{e}n)
Gibt es Stromanschluß für Wohnwagen?	Finns det el-uttag för husvagn?	finß dē ˇēlʉtāg för ˇhʉß-wangn
Kann ich hier die Gasflasche umtauschen?	Kan jag byta gasolbehållare här?	kan jā ˇbǖta gaˇßōl-b^{e}holar^{e} hǟr
Ist der Platz nachts bewacht?	Är den här platsen bevakad nattetid?	ē dän här platß^{e}n b^{e}wa̦kad ˇnat^{e}tīd
Gibt es hier in der Nähe ein Lebensmittelgeschäft?	Finns det en livsmedelsaffär här i närheten?	finß dē en ˇlifßmē-d^{e}lßa`fǟr hǟr i ˇnǟrhēt^{e}n
Könnten Sie mir bitte ... leihen?	Skulle ni kunna låna mig ...?	ˇßkŭl^{e} nī ˇkŭna ˇlōna mäj

Wortliste

baden	bada	ˇbāda
bekommen	få	fō
Benutzungsgebühr	hyra, -n, -r	ˇhǖra
Campingausweis	campingkort, -et, -	ˇkampingku^{r}t
Campingliege	vilsäng, -en, -ar	ˇwīlßäng
Eßgeschirr	bestick, -et, -	b^{e}ßti̥k
Herbergsausweis	vandrarhemskort, -et, - .	ˇwandrarhämßku^{r}t
kochen	laga mat	ˇlāga māt
Kochgeschirr	grytor	ˇgrǖt^{e}r
Kochstelle	plats där man kan laga mat	platß dǟr man kan ˇlāga māt
Leihgebühr	låneavgift, -en, -er	ˇlōn^{e}āwjift
Luftmatratze	luftmadrass	ˇlŭftmadraß
Mitgliedskarte	medlemskort, -et, -	ˇmēdlämßku^{r}t
parken	parkera	parkḗra
Schlafraum	sovrum, -met, -	ˇßōwrŭm
Schlafsack	sovsäck, -en, -ar	ˇßōwßäk
Speisesaal	matsal, -en, -ar	ˇmātßāl
Trinkwasser	dricksvatten, -et	ˇdrikßwat^{e}n
waschen	tvätta	ˇtwäta
zelten	tälta	ˇtälta

Essen und Trinken

Im Hotel

Wann gibt es Frühstück?	När serveras frukosten?	nā̤ʳ ßärwē̤raß frṳ̆koßtᵉn
– Mittagessen?	– lunchen?	lṳ̆nschᵉn
– Abendessen?	– middagen?	ˇmidan
Ich komme heute nicht zum Abendessen.	Jag kommer inte till middagen i dag.	jā kọmᵉr ˇintᵉ ti(l) ˇmidan idā̤
Können wir auf dem Zimmer frühstücken?	Kan vi få frukosten på rummet?	kạn wī fō frṳ̆koßtᵉn pō rṳmᵉt
Kann ich morgen schon um 6 Uhr frühstücken?	Kan jag äta frukost redan kl 6 i morgon bitti?	kan jā ˇǟta frṳ̆koßt ˇrē-dan ˇklokan ßäkß i ˇmoron ˇbiti
Kann man noch etwas zu essen bekommen?	Kan man få något mer att äta?	kan man fō ˇnōgᵉ mēr at ˇäta
Was gibt es heute?	Vad får vi för mat i dag?	wā(d) fōr wī för mā̤t i dā
Wir möchten einen anderen Tisch.	Vi skulle vilja ha ett annat bord.	wī ˇßkṳ̆lᵉ ˇwil(j)a hā et ˇanat būʳd

Frühstück

Brot	bröd, -et, -	brȫ̤d
– Schwarzbrot	– fullkornsbröd	ˇfṳ̆lkūʳnßbrȫd
– Weißbrot	– vitt bröd	wit brȫd
Brötchen	småfranska / brötchen	ˇßmōfranßka / brȫ̤tchen
Butter	smör, -et	ßmȫr
Ei	ägg, -et, -	äg̣
– weichgekocht	– löskokt	ˇlȫßkukt
– Rühreier	– äggröra, -n	ˇägrȫra
– Spiegelei(*er*)	– stekt (-a) ägg	ßtēkt (ˇßtēkta) äg
Honig	honung, -en	ˇhōnṳ̆ng
Kaffee	kaffe, -t	ˇkafe
– schwarz	– utan grädde	ˇʉ̄tan ˇgrädᵉ
– mit Sahne	– med grädde	mē ˇgrädᵉ
– koffeinfreier	– koffeinfritt	kofeˇīnfrit
Kakao	kakao, -n / choklad, -en	ˇkākau / schuklā̤d
Käse	ost, -en, -ar	ußt
Knäckebrot	knäckebröd	ˇknäkebrȫd
Marmelade	marmelad, -en, -er	marmelā̤d
Milch	mjölk, -en	mjölk
Orangensaft	apelsinjuice, -n	apelˇßīnjūß
Tee	te, -et	tē
– mit Zitrone	– med citron	mē ßitrṳ̄n
Toast	rostat bröd	ˇroßtat brȫd
Wasser	vatten, -et	wạtᵉn
– heißes Wasser	– varmt vatten	warmt wạtᵉn
Wurst	pålägg, -et	ˇpōläg
Zucker	socker, -et	ßọkᵉr
Zwieback	skorpa, -n, -or	ˇßkorpa

Restaurant

Können Sie mir ein gutes *(Fisch-, vegetarisches)* Restaurant empfehlen?	Kan ni rekommendera en *bra (fisk, vegetarisk)* restaurang?	ˇkanī rekomendē̤ra en brā (fißk, wegetā̤rißk) reßtorạng

BAR	**Bar**
CAFÉ	**Café**
KONDITORI	**Konditorei**
KVARTERSKROG	**Kneipe**
PIZZERIA	**Pizzeria**
PUB	**Restaurant mit Unterhaltung**
RESTAURANG	**Restaurant**
SALLADSBAR	**vegetarische Selbstbedienung**
SJÄLVSERVERING	**Selbstbedienung**
VÄRDSHUS	**Wirtshaus**

Gibt es hier *eine einfache Gaststätte (ein Selbstbedienungsrestaurant)*?	Finns det *någon bra och billig restaurang (med självservering)* här?	finß dē non brā o ˇbili reßtorạng (mē ˇschälwsärwẹring) hā̄r
Ist dieser *Tisch (Platz)* noch frei?	Är *det här bordet ledigt (den här platsen ledig)*?	ē dē hā̄r bū̧ʳdᵉt ˇlēdit (dän hā̄r plạtßᵉn ˇledi)
Reservieren Sie bitte für heute abend einen Tisch für 4 Personen.	Kan ni reservera ett bord för 4 personer till i kväll.	ˇkanī reßärwẹ̄ʳa et būʳd för ˇfū̄ra päʳßụ̄nᵉʳ ti(l) i kväl
***Herr Ober (Fräulein)*, die Speisekarte bitte!**	*Hovmästarn (Fröken)* kan vi få matsedeln!	ˇhōwmäßtaʳn (frọ̄̈kᵉn) kan wī fō ˇmātßēdᵉln
Haben Sie auch ...	Har ni också ...	ˇhāʳ nī ˇokßo
– Kinderportionen?	– barnportioner?	ˇbāʳnpoʳtˋschūnᵉr
– Diätkost?	– dietmat?	diˇētmāt
Was können Sie empfehlen?	Vad kan ni rekommendera?	wā ˇkanī rekomendẹ̄ra
***Ich möchte (Wir möchten)* ...**	*Jag (Vi)* skulle (bara) vilja.	jā (wī) ˇßkŭ̄lᵉ (ˇbāra) ˇwil(j)ạ
– zu *Mittag (Abend)* essen.	– äta *lunch (middag)*.	ˇāta lūnsch (ˇmida)
– *nur* etwas trinken.	– dricka någonting.	ˇdrika nọnting
– *nur* eine Kleinigkeit essen.	– äta någonting litet.	ˇāta nọnting ˇlītᵉ
Ich nehme ... *(das hier)*.	Jag tar ... *(det här)*.	jā tār ... (de hā̄r)
Ich möchte mein Steak ...	Jag ska be att få min biff ...	jā ßka bē o fō min bif
– durchgebraten.	– genomstekt.	ˇjēnọmßtēkt
– halb durch (medium).	– medium, lite röd.	mịdiūm, ˇlītᵉ rō̄
– englisch.	– blodig.	ˇblūdi
Bringen Sie uns bitte ...	Kan vi få ...	kan wī fō
– ein Messer / eine Gabel.	– en kniv / en gaffel	en knīw / en gạfᵉl
– einen (Tee-)Löffel.	– en (te)sked.	en (ˇtē)schēd
– einen Teller / ein Glas.	– en tallrik / ett glas	enˇtalrik / et glāß
– eine Serviette.	– en serviett.	en särwiẹt
Das Essen war ausgezeichnet.	Maten smakade utmärkt.	mạ̄tᵉn ˇßmākadᵉ ˇūtmärkt
Zahlen, bitte!	Kan *jag (vi)* få betala!	kan jā (wī) fō bᵉtạ̄la
Ich zahle alles zusammen.	Jag betalar alltihop.	jā bᵉtạ̄lar ˇaltihūp
Wir zahlen getrennt.	Vi betalar var för sig.	wī bᵉtạ̄lar wār föʳ ßäj
Es stimmt so.	Det är jämnt.	dē ē jämt

Café / Konditorei

Ich hätte gern ...	Jag skulle vilja ha ...	jā ˇßkŭl^{e} ˇwil(j)a hā
– ein Stück Kuchen.	– en bakelse / tårtbit.	en ˇbākelß^{e} / ˇtō^{r}tbīt
– ein (gemischtes) Eis.	– en (blandad) glass.	en (ˇblandad) glaß
– zwei Eiskaffee.	– två iskaffe.	twō ˇīßkafe
– einen Espresso.	– en espresso.	en eßprẹßo
– ein Glas *heiße (kalte)* Milch.	– ett glas *varm (kall)* mjölk.	et glāß warm (kal) mjölk
– einen Tee mit *Rum (Zitrone).*	– te med *rom (citron).*	tē mē rom (ßitrụ̄n)
– einen Kaffee.	– kaffe.	ˇkafe

Wortliste

Café	kafé, -et, -er	kafẹ̄
Eis	glass, -en, -ar	glaß
– Erdbeereis	– jordgubbsglass	ˇjū^{r}dgŭbßglaß
– Halbgefrorenes	– mjukglass	ˇmjʉ̄kglaß
– Schokoladeneis	– chokladglass	schuˇklāglaß
– Vanilleeis	– vaniljglass	ẇaˇniljglaß
Eisbecher	glassbägare, -n, -	ˇglaßbăgar^{e}
Konditorei	konditori, -et, -er	konditorị̄
Kuchen	bakelse, -n, -er	ˇbạ̄kelß^{e}
– Obstkuchen	– fruktbakelse	ˇfrŭktbākelß^{e}
Torte	tårta, -n, -or	tō^{r}ta
Zucker	socker, -et	ßọk^{e}r
– Würfelzucker	– bitsocker	ˇbītßok^{e}r

Schnellimbiß / Snack

Ich möchte bitte ...	Jag skulle vilja ha ...	jā ˇßkŭl^{e} ˇwil(j)a hā
– ein belegtes Brot.	– en smörgås.	en ˇßmörgōß
– ein Sandwich (mit Wurst / Käse / Schinken).	– en smörgås (med korv / ost / skinka).	en ˇßmörgōß (mē korw / ußt / ˇschinka)
– eine Bratwurst.	– en grillad korv.	en ˇgrilad korw
– eine Frikadelle.	– en pannbiff.	en ˇpanbif
– ein Paar Würstchen (mit Brot / Salat / Senf).	– några varmkorvar (med bröd / sallad / senap).	ˇnōra ˇwarmkorwar (mē brȫd / ˇßalad / ˇßēnap)
– einen Hamburger.	– en hamburgare.	en ˇhambŭrjar^{e}
– ein Hot dog.	– en varmkorv.	en ˇwarmkorw
– eine Portion Pommes frites (mit Ketchup / Mayonnaise).	– en portion pommes frites (med ketchup / majonäs).	en po^{r}tschụ̄n pom frịt (mē kẹtchŭp / majunạ̄ß)
***– einen Teller Suppe* (die Tagessuppe)**	– en *tallrik soppa (dagens soppa).*	en ˇtalrik ˇßopa (ˇdāg^{e}nßopa)
– ein halbes Hähnchen.	– en halv grillad kyckling.	en halw ˇgrilad ˇtchükling

Speisekarte

Förrätter		***Vorspeisen***
Böckling	ˇbökling	Bückling
Korv	korw	Wurst
Kräftor	ˇkräft^{e}r	Krebse
Lax gravad, rimmad, rökt	lakß ˇgrāwad, ˇrimad, rȫkt	Lachs gebeizt, geräuchert
Leverpastej	ˇlēw^{e}rpaßˋtej	Leberpastete
Ost	ußt	Käse
Sill	ßil	Hering

Skinka kokt, rökt	ˇschinka kukt, rȫkt	Schinken gekocht, geräuchert
Smör, ost och sill	ßmȫr, ußt o ßil	Butter, Käse und Hering
Smörgåsbord	ˇßmörgoßbūʳd	Schwedisches Buffet
Strömming	ˇßtröming	Kleine Heringe
Soppor		***Suppen***
Buljong	bü̆ljọng	Fleischbrühe
Fisksoppa	ˇfißkßopa	Fischsuppe
Grönsakssoppa	ˇgrȫnßākßopa	Gemüsesuppe
Oxsvanssoppa	ˇukßwanßopa	Ochsenschwanzsuppe
Sköldpaddssoppa	ˇschöldpadßopa	Schildkrötensuppe
Sparrissoppa	ˇßparißopa	Spargelsuppe
Svampsoppa	ˇßwampßopa	Pilzsuppe
Tomatsoppa	tuˇmātßopa	Tomatensuppe
Ärtsoppa	ˇäʳtßopa	Erbsensuppe
Makaroner och ris		***Teigwaren / Reis***
Makaroner	makarūnᵉr	Makkaroni
Ris	rīß	Reis
risotto	rißọto	Reis mit Fleisch und Gemüse
Spagetti	ßpagẹti	Spaghetti
– med köttfärssås	mēˇtchötfäʳßōß	mit Hackfleisch und Tomatensoße
Äggrätter		***Eierspeisen***
Omelett	omᵉlạt	Omelett
– Bondomelett	ˇbunomᵉlät	– Bauernomelett
– Ostomelett	ˇußtomᵉlät	– mit Käse
– Svampomelett	ˇßwampomᵉlät	– mit Pilzen
Pannkaka	ˇpankāka	Pfannkuchen
Plättar	ˇplätar	kleine Pfannkuchen
Ägg	äg	Ei
– hårdkokt	ˇhōʳdkukt	– hartgekocht
– löskokt	ˇlȫßkukt	– weichgekocht
– stekt	ßtēkt	– Spiegelei
Äggröra	ˇägrȫra	Rührei
Fisk och Skaldjur		***Fisch / Meeresfrüchte***
Aborre	ˇaborᵉ	Barsch
Ansjovis	anschūwiß	Anschovis
Blåmusslor	ˇblōmüßlᵉr	Miesmuscheln
Fiskbullar	ˇfißkbūlar	Fischklößchen
Fiskfilé	ˇfißkfiˋlē	Fischfilet
Flundra	ˇflündra	Flunder
Forell	forạl	Forelle
Gädda	ˇjäda	Hecht
Gös	jöß	Zander
Havskräftor	ˇhafßkräftᵉr	Kaisergranate
Hummer	hümᵉr	Hummer
Hälleflundra	ˇhälᵉflündra	Heilbutt
Kolja	ˇkolja	Schellfisch
Kräftor	ˇkräftᵉr	Krebse
Kräftkalas	ˇkräftkaˋlāß	Krebsessen
Lax	lakß	Lachs
Lutfisk	ˇlütfißk	Stockfisch

Makrill	ˇmạkril	Makrele
Musslor	ˇmüßl^{e}r	Muscheln
Ostron	ˇußtron	Austern
Piggvar	ˇpịgwār	Steinbutt
Räkor	ˇrǟk^{e}r	Garnelen
Rödspätta	ˇrȫßpäta	Scholle
Sik	ßīk	Felchen
Sill	ßil	Hering
Sjötunga	ˇschȫtŭnga	Seezunge
Strömming	ˇßtröming	Ostseehering
Tonfisk	ˇtūnfißk	Thunfisch
Torsk	to^{r}ßk	Dorsch
Vitling	ˇwitling	Weißling
Ål	ōl	Aal

Kötträtter		***Fleischgerichte***
Biff	bif	Beefsteak
Bog	būg	Keule
Bräss	bräß	Bregen
Filé	filẹ̄	Filet
Fläsk	flạ̈ßk	Schweinefleisch
– rökt fläsk	rȫkt fläßk	Räucherspeck
Fläskkotlett	ˇfläßkot`lät	Schweinekotelett
Fläsklägg	ˇfläßkläg	Schweinshaxe
Frikassé	frikaßẹ̄	Frikasse
Får	fōr	Hammel
Fårbog	ˇfōrbūg	Hammelkeule
Fårbringa	ˇfōṛbringa	Hammelbrust
Grytstek	ˇgrütßtēk	Schmorbraten
Kalops	kalọpß	Gulasch
Kalv	kalw	Kalb
Kalvlägg	ˇkalwläg	Kalbshaxe
Kalvstek	ˇkalwßtēk	Kalbsbraten
Korv	korw	Wurst
Kotlett	kotlạ̈t	Kotelett
Kött	tchöt	Fleisch
Köttbullar	ˇtchötbŭlar	Fleischklößchen
Köttfärs	ˇtchötfä^{r}ß	Hackfleisch
Lamm	lam	Lamm
Lever	lẹ̄w^{e}r	Leber
Njure	ˇnjü̶r^{e}	Nieren
Nöt / Ox-	nȫt / ˇukß	Rind(er)-
Oxstek	ˇukßtēk	Rinderbraten
Pastej	paßtẹj	Pastete
Prinskorv	ˇprinßkorw	Würstchen
Ragu	ragü̶	Ragout
Rulad	rülạd	Roulade
Sadel	ßạ̄d^{e}l	Rücken
Tunga	ˇtŭnga	Zunge
Wienerkorv	ˇwīn^{e}rkorw	Bockwurst
Wienerschnitzel	ˇwīn^{er}schnitß^{e}l	Wiener Schnitzel

Fågel och vilt		***Geflügel und Wild***
Anka	ˇanka	Ente
Broiler	brọjl^{e}r	Hähnchen
Fasan	faßạ̄n	Fasan
Gås	gōß	Gans
Hare	ˇhār^{e}	Hase
Hjort	ju^{r}t	Hirsch
Höna	ˇhȫna	Huhn
Kalkon	kalkụ̄n	Pute

Kyckling	ˇtchükling	Hühnchen
– grillad	ˇgrilad	Brathähnchen
– Kycklingsallad	ˇtchüklingßalad	Geflügelsalat
Ren	rēn	Rentier
Rådjur	ˇrōjür	Reh
Älg	älj	Elch
Grönsaker		***Gemüse***
Aubergine	obä^{r}schin	Auberginen
Blomkål	ˇblumkōl	Blumenkohl
Bönor	ˇbȫn^{e}r	Bohnen
Champinjoner	schampinjụn^{e}r	Champignons
Endivsallad	angˇdīvsalad	Endiviensalat
Grönsallad	ˇgrȫnßalad	grüner Salat
Gurka	ˇgürka	Gurke
Haricots verts	arikowā̄r	grüne Bohnen
Isbergssallad	ˇīßbärjßalad	Eisbergsalat
Kantareller	kantarạ̈l^{e}r	Pfifferlinge
Karljohansvamp	ˇkāljuhanˋßwamp	Steinpilz
Krasse	ˇkraß^{e}	Kresse
Kronärtskockor	ˇkrūnä^{r}tßkok^{e}r	Artischocken
Kål	kōl	Kohl
Kålrabbi	kōlrạbi	Kohlrabi
Kålrot	ˇkōlrūt	Rübe
Legymsallad	leˇgǖmßalad	Gemüsesalat
Linser	ˇlinß^{e}r	Linsen
Lök	lȫk	Zwiebel
Morötter	ˇmụröt^{e}r	Mohrrüben (Karotten)
Murklor	ˇmürkl^{e}r	Morcheln
Paprika	pạprika	Paprika
Potatis	putạ̄tiß	Kartoffeln
– kokt	kukt	Salzkartoffeln
– potatisgratäng	puˇtātiß graˋtäng	überbackene Kartoffeln
– potatismos	puˇtātiß ˋmūß	Kartoffelbrei
– stekt	ßtẹkt	Bratkartoffeln
Pumpa	ˇpümpa	Kürbis
Rödbetor	ˇrȫbēt^{e}r	Rote Rüben
Rödkål	ˇrȫkōl	Rotkohl
Sallad	ˇßalad	Salat
Selleri	ßẹlerī	Sellerie
Skärbönor	ˇschǟrbȫn^{e}r	Schnittbohnen
Smörsoppar	ˇßmȫ^{r}ßopar	Butterpilze
Sockerärtor	ˇßok^{e}rä^{r}t^{e}r	Zuckererbsen
Sparris	ßpạriß	Spargel
Spenat	ßpenạ̄t	Spinat
Surkål	ˇßürkōl	Sauerkraut
Svamp	ßwamp	Pilze
Tomater	tumạ̄t^{e}r	Tomaten
Vitkål	ˇwītkol	Weißkohl
Ärtor	ˇä^{r}t^{e}r	Erbsen
Ost		***Käse***
Getost	ˇjētußt	Ziegenkäse
Herrgårdsost	ˇhärgō^{r}dßußt	schwedischer Emmentaler
Mjukost	ˇmjükußt	Weichkäse
Ostbricka	ˇußtbrika	Käseplatte
Mesost	ˇmēßußt	weicher Ziegenkäse
Pepparrotsost	ˇpeparūtßˋußt	Meerrettichkäse
Riven ost	ˇrīw^{e}n ußt	geriebener Käse
Schweizer ost	ˇschwẹjtßer ußt	Schweizer Käse
Vitlöksost	ˇwītlȫkßußt	Knoblauchkäse

Efterrätter		*Nachtisch*
Fruktsallad	ˇfrŭktßalad	Obstsalat
Glass	glaß	Eis
Kompott	kompọt	Kompott
Nyponsoppa	ˇnūponßopa	Hagebuttensuppe
Pudding	ˇpŭding	Pudding
Risgrynsgröt	ˇrīßgrünß`grȫt	Milchreis
Tårta	ˇtōʳta	Torte

Frukt		*Obst*
Ananas	ˇananaß	Ananas
Apelsin	apᵉlßīn	Apfelsine
Aprikos	aprikūß	Aprikose
Banan	banān	Banane
Björnbär	ˇbjȫʳnbǟr	Brombeere
Blåbär	ˇblōbǟr	Blaubeere
Bär	bǟr	Beere
Citron	ßitrūn	Zitrone
Grapefruit	grẹjpfrūt	Grapefruit
Hallon	ˇhalon	Himbeere
Hasselnöt	ˇhaßᵉlnȫt	Haselnuß
Hjortron	ˇjūʳtron	Multbeere
Jordgubbar	ˇjūʳdgŭbar	Erdbeeren
Kastanj	kaßtạnj	Kastanie
Katrinplommon	kaˇtrīnplumon	Backpflaumen
Krusbär	ˇkrʉßbǟr	Stachelbeeren
Körsbär	ˇtchöʳßbǟr	Kirschen
Lingon	ˇlingon	Preiselbeeren
Mandarin	mandarīn	Mandarine
Mandel	ˇmandᵉl	Mandel
Melon	melūn	Melone
Persika	ˇpäʳßika	Pfirsich
Plommon	ˇplumon	Pflaumen
Päron	ˇpǟron	Birne
Rabarber	rabạrbᵉr	Rhabarber
Smultron	ˇßmŭltron	Walderdbeeren
Vattenmelon	ˇwatᵉnme`lūn	Wassermelone
Vinbär	ˇwīnbǟr	Johannisbeeren
– röda	ˇrȫda	– rote
– svarta	ˇßwaʳta	– schwarze
Vindruvor	ˇwīndrʉwᵉr	Weintrauben
Äpple	ˇäplᵉ	Apfel

Wortliste / Lebensmittel		
Dill	dill, -en	dil
Essig	ättika, -n	ˇätika
Gewürze	kryddor	ˇkrüdᵉr
Haferflocken	havregryn	ˇhāwrᵉgrǖn
Joghurt	joghurt	jogŭʳt
Kapern	kapris	kāpriß
Knoblauch	vitlök, -en	ˇwītlȫk
Kräuter	örter	ˇöʳtᵉr
Kümmel	kummin	ˇkŭmin
Lorbeerblatt	lagerbärsblad	ˇlāgᵉrbäʳß`blād
Margarine	margarin	margarīn
Mayonnaise	majonäs	majunǟß
Meerrettich	pepparrot	ˇpeparūt
Mehl	mjöl	mjȫl
Milch	mjölk	mjölk

Muskatnuß	muskotnöt	ˇmŭßkotnȫt
Nelken	nejlikor	ˇnejlikᵉr
Öl / Olivenöl	olja, -n / olivolja	ˇolja / uˇlīwolja
Petersilie	persilja	päʳßịlja
Pfeffer	peppar	ˇpepar
Quark	keso	kẹ̄ßo
Salz	salt, -et	ßalt
Scheibe	skiva, -n, -or	ˇschīwa
Schinken	skinka, -n	ˇschinka
Schnittlauch	gräslök, -en	ˇgrǟßlȫk
Senf	senap, -en	ˇßēnap
Soße	sås, -en, -er	ßōß
Tomatenketchup	tomatketchup, -en	tuˇmātketchŭ̄p

Getränke

eine Flasche ...	en flaska ...	en ˇflaßka
eine Dose ...	en burk ...	en bŭrk
ein Glas ...	ett glas ...	et glāß

alkoholische Getränke

Aperitif	aperitif, -en, -er	apᵉritịf
Bier	öl, -en, -	ȫl
– einheimisches	– inhemskt	ˇinhämßkt
– importiertes	– importerat	impoʳtẹ̄rat
– dunkles / helles	– mörkt / ljust	mörkt / jŭßt
– vom Faß	– fatöl	ˇfātȫl
Grog (kalter)	grogg, -en, -ar	grog
Kognak	konjak, -en, -ar	kọnjak
Likör	likör, -en, -er	likȫr
Rum	rom, -men	rom
Schnaps	snaps, -en, -ar	ßnapß
Wein	vin, -et	wīn
– weiß / rot / rosé	– vitt / röd- / rosé-	wit / ˇrȫd / roˇßē
– trocken / mild	– torrt / milt	toʳt / milt
– leicht / süß	– lätt / sött	lät / ßöt
– Dessertwein	– starkvin	ˇßtarkwīn
– Apfelwein	– äppelvin	ˇäpᵉlwīn
– Glühwein	– glögg, -en	glög
– Landwein	– lantvin	ˇlantwīn
– Sekt / Schaumwein	– mousserande vin	mußẹ̄randᵉ wīn
– Champagner	– champagne	schampạnj
– Tafelwein	– bordsvin	ˇbūʳdßwīn
Wermut	vermouth, -en	wärmŭ̄t
Whisky (mit Eis)	whisky (med is)	wịßki (mē īß)
Wodka	vodka, -n	wọdka

alkoholfreie Getränke

Apfelsaft	äppeljuice, -n	ˇäpeljūß
Fruchtsaft	juice, -n	jūß
Kaffee	kaffe, -t	ˇkafe
Kakao	kakao, -n / choklad, -en	ˇkākau / schuklạ̄d
Limonade	läskedryck, -en	ˇläßkᵉdrük
Milch	mjölk, -en	mjölk
Orangensaft	apelsinjuice, -n	apelˇßīnjūß
Tee	te, -et	tē
Tomatensaft	tomatjuice, -n	tuˇmātjūß
Wasser	vatten, -et	watᵉn
Mineralwasser *mit* *(ohne)* Kohlensäure	mineralvatten *med* *(utan)* kolsyra	mineˇrālwatᵉn mē (ˇŭ̄tan) ˇkōlßŭ̄ra
Soda	sodavatten, -et	ˇßūdawatᵉn
Zitrone (Natur)	citron (naturell)	ßitrụ̄n (natŭ̄rạ̈l)

Besichtigungen und Ausflüge

In der Stadt

Welche Sehenswürdigkeiten gibt es hier?	Vad finns det för sevärdheter här?	wā finß dē för ˇßēwä^{r}dhēt^{e}r hǟr
Wie komme ich *zum (zur)* ...	Hur kommer jag till ...	hʉ̈(r) kọm^{e}r jā ti(l)
– Ausstellung?	– utställningen?	ˇʉ̈tßtälning^{e}n
– Galerie?	– galleriet?	gal^{e}rī^{e}t
– ...-Kirche?	– ... kyrkan?	ˇtchü^{r}kan
– Museum?	– museet?	müßẹ^{e}t
– Palast?	– palatset?	palạtß^{e}t
– Schloß?	– slottet?	ßlọt^{e}t
– Universität?	– universitetet?	ŭniwä^{r}ßitẹt^{e}t
Ist es weit?	Är det långt dit?	ē dē longt dīt
Wie viele Minuten zu Fuß?	Hur många minuter tar det att gå dit?	hʉ̈(r) ˇmonga minʉ̈t^{e}r tā^r dē at gō dīt
Kann ich mit *dem Bus (der Straßenbahn)* fahren?	Kan jag åka *buss (spårvagn)* dit?	kan jā ˇōka bŭ̄ß (ˇßpōrwangn) dīt
Welcher Bus fährt nach ...?	Vilken buss går till ...?	ˇwi(l)ken bŭ̄ß gō^r ti(l)
Wo muß ich *aussteigen (umsteigen)*?	Var måste jag *stiga av (byta)*?	wār ˇmoßte jā ˇßtīga ạ̄w (ˇbǖta)
Wo bekomme ich ein Taxi?	Var kan jag få tag på en taxi?	wār kan ja fō tāg pō en tạkßi
Zum ...-Hotel, bitte.	Till hotell ..., tack.	til hutạ̈l ..., tak
In die ...-Straße, bitte.	Till ... gatan, tack.	til ˇ... ˇgatan, tak
Wieviel kostet es nach ...?	Hur mycket kostar det till ...?	hʉ̈(r) ˇmüke ˇkoßta^r dē ti(l)
Wir möchten ... besichtigen.	Vi skulle vilja besöka ...	wī ˇßkŭl^e ˇwil(j)a b^{e}ßȫka
Wann ist ... geöffnet?	När är ... öppet?	nǟr ē ... ˇöp^{e}t
Gibt es eine Führung (in Deutsch)?	Finns det en guidad tur (på tyska)?	finß dē en ˇgajdad tʉ̈r (po ˇtʉ̈ßka)
Was für ein *Gebäude (Denkmal)* ist das?	Vad är det där för en *byggnad (ett monument)*?	wā ē dē dǟr för en ˇbügnad (et monŭmẹnt)
Wann wurde es gebaut?	När byggdes det?	nǟr ˇbügd^{e}ß dē
Wo befindet sich ...?	Var befinner sig ...?	wār b^{e}fịn^{er} ßäj

Ausflüge

Wir möchten uns für den *Tagesausflug (Halbtagesausflug)* nach ... anmelden.	Vi skulle vilja anmäla oss till *dagsutflykten (halvdagsutflykten)* till ...	wī ˇßkŭl^e ˇwil(j)a ˇanmǟla oß ti(l) ˇdakßʉ̈tˋflükt^{e}n (ˇhalwdakßʉ̈tˋflükt^{e}n) ti(l)
Besichtigen wir auch ...?	Besöker vi också ...	b^{e}ßȫk^{e}r wī ˇokßo
Wann geht es los?	När startar det?	nǟ^r ˇßta^{r}ta^r dē
Haben wir Zeit zur freien Verfügung in ...?	Har vi tid för egna aktiviteter i ...?	hār wī tīd för ˇēgna aktiwitẹ̄t^{e}r i
Wann kommen wir zurück?	När kommer vi tillbaka?	nǟr kọm^{e}r wī ti(l)bạ̄ka
Können wir Einkäufe machen?	Har vi tid att handla?	hār wī tīd at ˇhandla

Wortliste

Abfahrt	avresa, -n	ˇāwrēßa
Altar	altare, -t, -	ˇaltar^{e}
Altstadt	gamla staden	ˇgamla`ßtān
Ankunft	ankomst, -en, -er	ˇankomßt
Besichtigung	besök, -et, -	b^{e}ßọ̈̄k
Bild	bild, -en, -er	bild
Brücke	bro, -n, -ar	brū
Brunnen	brunn, -en, -ar	brŭ̈n
Denkmal	monument, -et, -	monŭ̈mẹnt
Fluß	flod, -en, -er	flūd
Fremdenführer	guide, -n, -r	gajd
Friedhof	kyrkogård, -en, -ar	ˇtchürkugō^{r}d
Garten	trädgård, -en, -ar	ˇträgō^{r}d
Gebirge	bergskedja, -n, -or	ˇbärjßtchēdja
Gegend	trakt, -en, -er	trakt
Gewölbe	valv, -et, -	walw
Grab	grav, -en, -ar	grāw
Grotte / Höhle	grotta, -n, -or	ˇgrota
Hafen	hamn, -en, -ar	hamn
Haus	hus, -et, -	hʉ̈ß
Hof	gård, -en, -ar	gō^{r}d
Kathedrale	domkyrka, -n, -or	ˇdumtchürka
Kloster	kloster, -et, -	klọßt^{e}r
Kuppel	kupol, -en, -er	kŭ̈pọ̄l
Künstler	konstnär, -en, -er	ˇkonßtnǟr
Landschaft	landskap, -et, -	ˇlanßkāp
Markt	torg, -et, -	torj
Naturschutzgebiet	naturskyddsområde, -t, -n	naˇtʉ̈^{r}schŭ̈tßom`rōd^{e}
Oper	opera, -n, -or	ụ̄pera
Park	park, -en, -er	park
Platz	plats, -en, -er	platß
Radtour	cykeltur, -en, -er	ˇßük^{e}ltʉ̈r
Raststätte	rastplats, -en, -er	ˇraßtplatß
Rathaus	rådhus, -et, -	ˇrōdhʉ̈ß
Ruine	ruin, -en, -er	rŭ̈ịn
Saal	sal, -en, -ar	ßāl
Schloß	slott, -et, -	ßlot
Stadion	stadion, -en	ßtạ̄dion
Statue	staty, -n, -er	ßtatụ̄̈
Tal	dal, -en, -ar	dāl
Theater	teater, -n, -ar	teạ̄t^{e}r
Tor	port, -en, -ar	pu^{r}t
Turm	torn, -et, -	tū^{r}n
Umgebung	omgivning, -en, -ar	ˇomjīvning
Wanderweg	vandringsled, -en, -er	ˇwandringß`lēd
Wasserfall	vattenfall, -et, -	ˇwat^{e}nfal
Weiterfahrt	den fortsatta resan	dän ˇfu^{r}tßata ˇrēßan
Zoo	zoologisk trädgård	ßulọ̄gißk ˇträgō^{r}d

Kulturelle Veranstaltungen / Gottesdienst

Was wird heute abend *im Kino (im Theater, in der Oper)* gegeben?	Vad ger man *på bio (på teatern, på operan)* i kväll?	wā jēr man po bīo (po teạteʳn, po ụperan) i kwäl
Wann beginnt …	När börjar …	nǟr ˇbörjar
– die Vorstellung?	– föreställningen?	ˇfōrᵉßtälningen
– der Hauptfilm?	– huvudfilmen?	ˇhʉ̄wᵉfilmᵉn
– der Vorverkauf?	– förköpet?	ˇfōrtchǭpᵉt
Wo bekommt man die Karten?	Var köper man biljetterna?	wāʳ tchọ̄pᵉr man biljạtᵉʳna
Haben Sie noch Karten für *heute (morgen)*?	Finns det biljetter till *i kväll (i morgon)?*	finß dē biljạtᵉʳ ti(l) i kwäl (i ˇmoron)
Bitte zwei Karten zu … Kronen.	Kan jag få två biljetter à … kronor.	kan jā fō twō biljạtᵉʳ a … ˇkrūnᵉr
Wann ist die Vorstellung zu Ende?	När slutar föreställningen?	näʳ ˇßlʉ̄tar ˇfōrᵉßtälningᵉn
Wo ist die *katholische (evangelische)* Kirche?	Var ligger den *katolska (evangeliska)* kyrkan?	wāʳ ligᵉʳ dän katụlßka (ewanjẹ̄lißka) ˇtchürkan
Wann findet *der Gottesdienst (die Messe)* statt?	Var äger *gudstjänsten (mässan)* rum?	wār ǟgᵉr ˇgütßtchänßtᵉn (ˇmäßa) rüm

PARKETT	**Parkett**
FÖRSTA / ANDRA / TREDJE RADEN	**1. / 2. / 3. Rang**
BÄNK	**Reihe**
PLATZ	**Platz**
HÖGER / VÄNSTER	**rechts / links**
NÖDUTGÅNG	**Notausgang**

Autor	författare, -n, -	förfạtarᵉ
Ballett	balett, -en, -er	balạ̈t
Bühne	scen, -en, -er	ßēn
Chor	kör, -en, -er	kǟr
Dirigent	dirigent, -en, -er	dirigẹnt
Inszenierung	iscensättning, -en, -ar	iˇßēnßätning
Komödie	komedi, -n, -er	komedī
Komponist	kompositör, -en, -er	kompußitǭr
Konzert	konsert, -en, -er	konßär
Musik	musik, -en	müßīk
Operette	operett, -en, -er	uperạ̈t
Opernglas	(teater) kikare, -en, -	(teˇātᵉr) ˋtchīkarᵉ
Orchester	orkester, -n, -ar	orkẹßtᵉr
Pause	paus, -en, -er	pạüß
Platzanweiserin	biljettvaktmästare, -n, -	bilˇjätwaktˋmäßtarᵉ
Programm(heft)	program, -met, -	prugrạm
Regie / Regisseur	regi, -n / regissör, -en, -er	reschī / reschißǭr
Sänger(in)	sångare, -n, - / sångerska, -n, -or	ˇßongarᵉ / ˇßongeʳßka
Solist(in)	(kvinnlig)solist, -en, -er	(ˇkwinli) ßulịßt
Tänzer(in)	dansare, -n, - / dansös, -en, -er	ˇdanßarᵉ / danßǭß
Zirkus	cirkus, -en, -ar	ßịrküß

Sport und Freizeit

Baden / Strand / Wassersport

BADFÖRBUD	**Baden verboten**
CAMPING FÖRBJUDEN	**Camping verboten**
NATURRESERVAT	**Naturschutzgebiet**
GRUNT / DJUPT	**seicht / tief**
ÖPPET / STÄNGT	**geöffnet / geschlossen**

Gibt es hier ...	Finns det ... här?	finß dę ... hā̄r
– ein Freibad?	– ett friluftsbad	et ˇfrīlŭftßbād
– ein Hallenbad?	– en simhall	en ˇßimhal
– Lehmbad / Algenbad?	– gyttjebad / tångbad	ˇjütjebād / ˇtongbād
– eine Sauna?	– en bastu	en ˇbaßtŭ
– eine Segelschule?	– en seglarskola	en ˇßęgla^{r}ßkūla
– eine Surfschule?	– en surfingskola	en ˇßŭrfingßkūla
Kann man hier einen *Schwimmkurs (Tauchkurs)* machen?	Kan man delta i en *simkurs (dykarkurs)* här?	kan mąn ˇdęlta ī en ˇßimkŭ^{r}ß (ˇdūkarkŭ^{r}ß) hā̄r
Ist es für Kinder gefährlich?	Är det farligt för barn?	ē dē ˇfā^{r}lit för bā^{r}n
Ich möchte ... *leihen (mieten).*	Jag skulle vilja *låna (hyra)* ...	jā ˇßkŭl^e ˇwil(j)a ˇlōna (ˇhūra)
– ein Boot / Tretboot	– en båt / trampbåt.	en bōt / ˇtrampbōt
– eine Kabine	– en hytt.	en hüt
– einen Liegestuhl	– en vilstol.	en ˇwīlßtūl
– einen Sonnenschirm	– ett parasoll.	et parąßǫl
– ein Surfbrett	– en surfingbräda.	en ˇßŭrfing̦brā̄da
– eine Taucherausrüstung	– dykarutrustning.	ˇdūkarʉ̄tˋrüßtning
– ein Paar Wasserski	– ett par vattenskidor	et pār ˇwat^{e}nschīd^{e}r
Ist es möglich, mit einem Fischerboot mitzufahren?	Finns det någon möjlighet att åka med en fiskebåt?	finß dē non ˇmöjlihēt at ˇōka mę en ˇfißk^{e}bōt
Was kostet das *pro Stunde (pro Tag)?*	Hur mycket kostar det *i timmen (om dagen)?*	hʉ̄r ˇmüke ˇkoßtar dē i ˇtim^{e}n (om dān)

Andere Sportarten

Welchen Sport kann man hier treiben?	Vad kan man bedriva för sport här?	wā kan mąn b^{e}drīwa fö^r ßpo^{r}t hā̄r
Gibt es in der Nähe ...	Finns det ... här i närheten?	finß dē ... hā̄r i ˇnā̄rhē-t^{e}n
– eine Eisbahn?	– en isbana	en ˇīßbāną
– einen Fahrradverleih?	– cykeluthyrning	ˇßük^{e}lʉ̄thü^{r}ning
– einen Golfplatz?	– en golfbana	en ˇgolfbāna
– eine Minigolfanlage?	– minigolf	ˇminigolf
– einen Trimmpfad?	– ett motionsspår	et mutˇschūnßpōr
– eine Reitschule?	– en ridskola	en ˇrīdßkūla
– Skipisten?	– skidbackar	ˇschīdbakar
– eine Langlaufloipe?	– skidspår	ˇschīdßpōr
– einen Tennisplatz?	– en tennisbana	en ˇteníßbāna
Ich würde gern ...	Jag skulle gärna vilja ...	jā ˇßkŭl^e ˇjä^{r}na ˇwil(j)a
– Federball spielen.	– spela badminton.	ˇßpēla bądminton
– kegeln.	– spela bowling.	ˇßpēla bǫwling

– Tischtennis spielen.	– spela pingpong.	ˇßpēla ˇpingpong
– wandern.	– vandra.	ˇwandra
– einen Waldlauf machen.	– springa i skogen.	ˇßpringa i ßkūg^{e}n
Können Sie mir *eine interessante Route (einen schönen Weg)* auf der Karte zeigen?	Skulle ni kunna visa mig *en intressant tur (en vacker väg)* på kartan?	ˇßkŭl^{e} nī ˇkŭna ˇwīßa mäj en intreßant tür (en wak^{e}r wāg) po ˇkā^{r}tan
Sind die Schneeverhältnisse gut?	Är snöförhållandena bra?	ē ˇßnōförholand^{e}na brā
Wo kann man hier …	Var kan man … här?	wār kan man … hār
– angeln?	– fiska	ˇfißka
– Schlittschuh laufen?	– åka skridskor	ˇōka ˇßkrißkur
– Schlitten fahren?	– åka kälke	ˇōka ˇtchälke

Andere Freizeitbeschäftigungen

Haben Sie Fernsehen?	Har ni TV?	ˇhā^{r}nī ˇtēwē
Kann man hier Radio hören?	Kan man höra radio här?	kan man ˇhōra rādiu hār
Welcher Sender ist das?	Vilket program är det?	ˇwi(l)k^{e}t prugram ē dē
Spielen Sie *Karten (Dame, Schach)*?	Spelar ni *kort (dam, schack)*?	ˇßpēla^{r} nī ku^{r}t (dām, schak)
Gibt es hier …	Finns det … här?	finß dē … hār
– einen Billardraum?	– ett biljardrum	et bilˇjā^{r}drūm
– eine Nachtbar?	– en nattklubb	en ˇnatklŭb
– eine Spielhalle?	– en spelhall	en ˇßpēlhal
– ein Spielkasino?	– ett spelkasino	et ˇßpēlkaßīnu
Finden hier auch … statt?	Anordnar man här också …	ˇano^{r}dnar man hār ˇokßo
– Folkloreabende	– folkdanskvällar.	ˇfolkdanß\`kwälar
– Pferderennen	– hästkapplöpningar.	ˇhäßtkap\`lōpningar
Ich möchte mir … ansehen.	Jag skulle vilja titta på …	jā ˇßkŭl^{e} ˇwil(j)a ˇtita pō
– den Boxkampf	– boxningsmatchen.	ˇbukßningß\`match^{e}n
– das Fußballspiel	– fotbollsmatchen.	ˇfūtbolß\`match^{e}n
– das Eishockeyspiel	– ishockeymatchen.	ˇīßhokimatch^{e}n
– die Modenschau	– modevisningen.	ˇmūd^{e}wīßning^{e}n
– das Radrennen	– cykelloppet.	ˇßük^{e}lop^{e}t

Tanz / Disko / Flirt

Gibt es hier *eine Diskothek (ein Tanzlokal)*?	Finns det *ett diskotek (ett dansställe)* här?	finß dē et dißkutēk (et ˇdanßtäl^{e}) hār
Wollen wir (noch einmal) tanzen?	Ska vi dansa (en dans till)?	ßkā wī ˇdanßa (en danß til)
Darf ich mich zu Ihnen setzen?	Får jag slå mig ner?	fōr ja ßlō mäj nēr
Trinken wir etwas zusammen?	Ska vi ta en drink tillsammans?	ßka wī tā en drink ˇti(l)ßamanß
Wollen wir noch einen Bummel machen?	Skall vi gå en sväng till tillsammans?	ßkā wī gō en ßwäng til ti(l)ßamanß
Darf ich Sie *ein Stück (nach Hause)* begleiten?	Får jag följa er *en bit på väg (hem)*?	fōr jā ˇfölja ēr en bīt po wāg (häm)
Wann sehen wir uns wieder?	När skall vi träffas nästa gång?	nā^{r} ßka wī ˇträfaß ˇnäßta gong

Haben Sie für heute abend schon etwas vor?	Har ni planerat något i kväll?	ˇha^r nī planẹ̄rat not i kwäl
Darf ich Sie morgen zum Essen einladen?	Får jag bjuda er på middag i morgon?	fōr jā ˇbjʉ̄da ēr po ˇmida i ˇmoron
Ich erwarte *Sie (dich)* *bei / am (in)* . . .	Jag väntar på *er (dig) vid (i)* . . .	jā ˇwäntar po ēr (däj) wi (ī)
Vielen Dank für den schönen Abend.	Tack för en trevlig kväll!	tak för en ˇtrēwli kwäl
Sie sind sehr nett.	Ni är mycket trevlig.	nī ē ˇmük^e ˇtrēwli
Ich liebe dich!	Jag älskar dig!	jā ˇälßka^r däj

Einkäufe

Allgemeines

Wo kann man . . . kaufen?	Var kan man köpa . . .?	wār kan man ˇtchȫpa
Haben Sie . . .?	Har ni . . .?	ˇhā^{r}nī
Wieviel kostet das?	Hur mycket kostar det?	hʉ̄(r) ˇmük^e ˇkoßta^r dē
Haben Sie etwas Billigeres?	Har ni något som är billigare?	ˇhā^{r}nī not ßom ē ˇbiliare
Ich nehme es.	Jag tar det här.	jā tā^r dē hạ̈r
Nehmen Sie *deutsches Geld (Euroschecks)?*	Tar ni emot *DM (checkar)?*	tā^{r}nī emụ̄t ˇdēmark (ˇtchekar)
Können Sie mir eine (Plastik-)Tüte geben?	Kan jag få en (plast-) påse?	kan jā fō en (ˇplaßt) ˇpōß^e
Ich möchte . . .	Jag skulle vilja ha . . .	jā ˇßkʉ̆le wil(j)a hạ̄
– ein Stück / ein Paar.	– en bit / ett par.	en bīt / et pār
– ein Glas / eine Dose.	– ett glas / en burk.	et glāß / en bʉ̆rk
– eine Flasche.	– en flaska.	en ˇflaßka
– 100 Gramm.	– ett hekto.	et hẹktu
– ein (halbes) Kilo.	– ett (halvt) kilo.	et (halft) tchị̄lu
– einen *(viertel)* Liter.	– *en liter (två och halv deciliter).*	en lị̄t^{e}r (twō o en halw deßilị̄t^{e}r)
– 30 Zentimeter.	– 30 centimeter.	ˇträti ßäntimẹ̄t^{e}r
– einen Meter.	– en meter.	en mẹ̄t^{e}r
– ein Holzpferd aus Darlekarlien.	– en dalahäst.	en ˇdālahäßt
beige / blau / braun	beige / blå / brun	bä̆sch / blō / brʉ̄n
dunkel / gelb / grau	mörk / gul / grå	mörk / gʉ̄l / grō
grün / hell / rosa	grön / ljus / rosa	grȫn / jʉ̄ß / ˇrōßa
rot / schwarz / weiß	röd / svart / vit	rȫ(d) / ßwa^{r}t / wīt

Foto

Ich hätte gern . . .	Kan jag få . . .	kan jā fō
– einen Diafilm.	– en diafilm.	en ˇdīafilm
– einen Farbfilm	– en färgfilm.	en ˇfärjfilm
– einen Film für diesen Apparat mit *36 (24)* Aufnahmen.	– en film till den här kameran med *36 (24)* bilder.	en film til dän hǟr ˇkām̦^{e}ran mē trätißạ̈kß (tchʉ̆ˇfʉ̄ra) ˇbild^{e}r
– einen Kassettenfilm.	– en kassettfilm.	en kaˇßätfilm

– einen Super-8-Farbfilm.	– en super-8-färgfilm.	en ßụp^{e}r ˇota ˇfärjfilm
– so eine Batterie.	– ett sådant här batteri.	et ßont hār bat^{e}rị
Würden Sie bitte den Film einlegen?	Skulle ni kunna sätta i filmen?	ˇßkŭl^{e} nī ˇkŭna ˇßäta ị fịlm^{e}n
Entwickeln Sie bitte diesen Film.	Kan ni framkalla den här filmen?	ˇkanī ˇframkala dän hār fịlm^{e}n
Bitte von jedem Negativ einen Abzug.	Kan jag få en kopia av varje negativ.	kan jā fō en kuˇpīa āw ˇwarj^{e} nẹgatīw
– neun mal neun.	– nio gånger nio.	ˇnī^{e} ˇgong^{e}r ˇnī^{e}
– neun mal dreizehn.	– nio gånger tretton.	ˇnī^{e} ˇgong^{e}r ˇträton
Wann kann ich die Bilder abholen?	När kan jag hämta bilderna?	nār kan jā ˇhämta ˇbild^{er}na
Können Sie diesen Apparat reparieren?	Kan ni reparera den här kameran?	ˇkanī reparẹ̄ra dän hār ˇkām^{e}ran
***Der Auslöser (Das Blitzlicht)* funktioniert nicht.**	*Utlösaren (Blixten)* fungerar inte.	ˇʉtlōßar^{e}n (blịkßt^{e}n) fŭnggẹ̄rar ˇint^{e}

Tabak / Papier / Bücher

Ein Päckchen ... *mit (ohne)* Filter, bitte.	Ett paket ... *med (utan)* filter, tack.	et pakẹ̄t ... mē (ˇʉtan) fịlt^{e}r, tak
Haben Sie deutsche Zigaretten?	Har ni tyska cigaretter?	ˇha^{r}nī ˇtüßka ßigarạ̈t^{e}r
Ich möchte bitte ...	Jag skall be att få ...	ja ßka bē o fō
– zehn *Zigarren (Zigarillos).*	– tio *cigarrer (cigarrcigaretter).*	ˇtī^{e} ßigạr^{er} (ßiˇgar-ßigaˋrät^{e}r)
– eine Dose (Pfeifen-, Zigaretten-)Tabak.	– en burk (pip-, cigarett-)tobak.	en bŭrk (ˇpīp- ßigaˇrät-) tūbak
– eine Packung Zigarettenpapier.	– en förpackning cigarettpapper.	en förpạkning ßigaˇrätpap^{e}r
– eine Schachtel Streichhölzer.	– en tändsticksask.	en ˇtänßtikßaßk
– ein Feuerzeug.	– en tändare.	en ˇtạ̈ndar^{e}
– eine Ansichtskarte.	– ett vykort.	et ˇwǖku^{r}t
– einen Bildband von ...	– ett bildband från ...	et ˇbildband frōn
– Briefpapier.	– brevpapper.	ˇbrẹ̄vpap^{e}r
– Briefumschläge.	– kuvert.	kŭwạ̈r
– einen Kugelschreiber.	– en kulspetspenna.	en ˇkʉlßpetßˋpäna
– einen Reiseführer.	– en guide.	en gajd
– einen Stadtplan.	– en karta över staden.	en ˇkā^{r}ta ǭw^{er} ßtān
– eine deutsche Zeitung.	– en tysk tidning.	en tüßk ˇtī(d)ning
– ein Wörterbuch Schwedisch-Deutsch.	– ett lexikon svensk-tyskt.	et lẹkßikon ßwänßk-tüßkt

Kleidung und Reinigung

Kann ich das anprobieren?	Kan jag prova den här?	kan jā ˇprūwa dän hār
Ich brauche Größe ...	Jag behöver storlek ...	jā b^{e}hǭw^{er} ˇßtū^{r}lēk
Das ist mir zu *eng (kurz, lang, groß).*	Den är för *trång (kort, lång, stor)* för mig.	dän ē fö^{r} trọng (ko^{r}t, long, ßtūr) för mäj
Ich möchte ein Paar ...	Jag skulle vilja ha ett par ...	jā ßkŭl^{e} wil(j)a hā et pār
– Sandalen.	– sandaler.	ßandạ̄l^{e}r
– Wanderschuhe.	– grova skor.	ˇgrūwa ßkūr
– Stiefel.	– stövlar.	ˇßtöwlar

Sie sind zu *eng (weit)*.	De är för *trånga (vida)*.	dē ē föʳ ˇtronga (ˇwīda)
Ich möchte das *reinigen (waschen)* lassen.	Jag skulle vilja låta *kemtvätta (tvätta)* den här.	jā ˇßkŭlᵉ ˇwil(j)a ˇlōta ˇtchēmtwäta (ˇtwäta) dän hǟr
Wann ist es fertig?	När är det färdigt?	nǟr ē dē ˇfǟʳdit

Wortliste

Anzug	kostym, -en, -er	koßtṻm
Badeanzug / Badehose	baddräkt, -en, -er / badbyxor	ˇbādräkt / ˇbādbükßᵉr
Bluse	blus, -en, -ar	blüß
Büstenhalter	bh, -n, -ar	ˇbēhō
Gürtel	skärp, -et, -	schärp
Halstuch	scarf, -en, -s	ßkāf
Hemd	skjorta, -n, -or	ˇschūʳta
Hose / kurze Hose	byxor / kortbyxor	ˇbükßᵉr / ˇkoʳtbükßᵉr
Jacke	jacka, -n, -or	ˇjaka
Kleid	klänning, -en, -ar	ˇkläning
Mantel	rock, -en, -ar / kappa, -n, -or	rok / ˇkapa
Pullover	pullover, -n, -ar	pŭlọwᵉr
Regenmantel	regnrock / regnkappa	ˇrängnrok / ˇrängnkapa
Rock	kjol, -en, -ar	tchūl
Schal	schal, -en, -ar	schāl
Socken	sockor	ˇßokᵉʳ
Strümpfe	strumpor	ˇßtrŭmpᵉr
Unterhose	kalsonger	kalßọngᵉr
Unterhemd	undertröja, -n, -or	ˇŭndᵉʳtröja

Verschiedenes

Armband	armband, -et, -	ˇarmban
Ball	boll, -en, -ar	bol
Bindfaden	snöre, -t, -n	ˇßnȫrᵉ
Blumen	blommor	ˇblumᵉr
Büchsenöffner	konservöppnare, -n, -	konˇßärwöpnarᵉ
Flaschenöffner	flasköppnare, -n, -	ˇflaßköpnarᵉ
Fleckenwasser	fläckborttagningsmedel, -et, -	ˇfläkboʳtāgningß`mēdᵉl
Kerze	stearinljus, -et, -	ßteaˇrīnjüß
Klebstoff	klister, -et	klịßtᵉr
Knopf	knapp, -en, -ar	knap
Korkenzieher	korkskruv, -en, -ar	ˇkoʳkßkrüw
Reißverschluß	blixtlås, -et, -	ˇblikßtlōß
Schallplatte	grammofonskiva, -n, -or	gramuˇfōnschīwa
Schirm	paraply, -et, -n	paraplṻ
Sicherheitsnadel	säkerhetsnål, -en, -ar	ˇßǟkᵉrhētß`nōl
Sonnenbrille	solglasögon	ˇßūlglāßȫgon
Spazierstock	promenadkäpp, -en, -ar	prumᵉˇnādtchäp
Taschenlampe	ficklampa, -n, -or	ˇfiklampa
Taschenmesser	fickkniv, -en, -ar	ˇfiknīw
Thermometer	termometer, -n, -ar	tärmumẹtᵉr
Thermosflasche	termos, -en, -ar	tärmoß
Vase	vas, -en, -ar	wāß
Waschpulver	tvättpulver, -et	ˇtwätpŭlwᵉr

Friseur

Ich möchte mich für morgen anmelden.	Jag skulle vilja beställa tid till i morgon.	jā ˇßkŭl^{e} ˇwil(j)a b^{e}ßtą̄la tī(d) til i ˇmoron
Waschen und legen, bitte!	Tvättning och läggning, tack.	ˇtwätning o ˇlägning, tak
Schneiden und fönen, bitte!	Klippning och föning, tack.	ˇklipning o ˇfȫning, tak
Bitte *nicht zu kurz (ganz kurz).*	*Inte för kort (mycket kort).*	ˇint^{e} för ko^{r}t (ˇmük^{e} ko^{r}t)
Ich möchte eine Dauerwelle.	Jag skulle vilja ha permanentning.	jā ˇßkŭl^{e} ˇwil(j)a hā pärmanẹntning
Ich möchte mein Haar *färben (tönen)* lassen.	Jag skulle vilja låta *färga (tona)* håret.	jā ˇßkŭl^{e} ˇwil(j)a ˇlǭta ˇfärja (ˇtūna) hǭr^{e}t
***Ohne (Mit)* Scheitel, bitte.**	*Utan (Med)* bena, tack.	ˇʉ̄tan (mē) ˇbēna, tak
Bitte nur rasieren.	Bara rakning, tack.	ˇbāra ˇrākning, tak
Bitte *kein (nur wenig)* Haarspray.	*Ingen (bara lite)* hårspray, tack.	ˇing^{e}n (ˇbāra ˇlīt^{e}) ˇhȫ^{r}ßprej, tak
Machen Sie auch Maniküre?	Har ni manikyr också?	hā^{r} nī manikǖ̱r ˇokßo
Ja, danke, es ist gut so.	Ja, tack, det är bra så.	jā tak, dē ē brą̄ sō

Toilettenartikel

Bürste	borste, -n, -ar	ˇbo^{r}ßt^{e}
Damenbinden	dambindor	ˇdāmbind^{e}r
Deodorant	deodorant, -en, -er	deodorąnt
Elektr. Rasierapparat	elektrisk rakapparat	elẹktrißk ˇrākaparāt
Gesichtswasser	ansiktsvatten, -et	ˇanßiktßwat^{e}n
Haarfestiger	läggningsvätska, -n	ˇlägningß`wätßka
Handcreme	handcreme, -n	ˇhandkrǟm
Kamm	kam, -men, -mar	kam
Kölnisch Wasser	eau-de-cologne, -n	ō de kolọnj
Lippenstift	läppstift, -et, -	ˇläpßtift
Mundwasser	munvatten, -et	ˇmŭ̄nwat^{e}n
Nagelfeile	nagelfil, -en, ar	ˇnāg^{e}lfīl
Nagellack	nagellack, -et	ˇnāg^{e}lak
Nagellackentferner	nagellackborttagningsmedel, -et	ˇnāg^{e}lakbo^{r}tāgningß-`mēdel
Papiertaschentücher	pappersnäsdukar	ˇpap^{er}ßnǟß`dʉ̄kar
Parfüm	parfym, -en, -er	parfǖ̱m
Puder	puder, -et	pʉ̄d^{e}r
Rasiercreme	rakcreme, -n	ˇrākrǟm
Rasierklingen	rakblad, -et, -	ˇrākblād
Rasierpinsel	rakborste, -n, -ar	ˇrākbo^{r}ßt^{e}
Rasierwasser	rakvatten, -et	ˇrākwat^{e}n
Seife	tvål, -en	twōl
Shampoo	shampo, -t, -n	schąmpu
Sonnenöl	sololja, -n, -or	ˇsūlolja
Tampons	tamponger	tampọng^{e}r
Toilettenpapier	toalettpapper, -er	tuaˇlätpap^{e}r
Watte	bomull, -en	ˇbumŭ̄l
Zahnbürste	tandborste, -n, -ar	ˇtanbo^{r}ßt^{e}
Zahnpasta	tandkräm, -en, -er	ˇtan(d)krǟm

Gesundheit

Apotheke

Wo ist die nächste Apotheke (mit Nachtdienst)?	Var ligger närmaste (jourhavande) apotek?	wā^{r} lig^{er} ˇnärmaßt^{e} (ˇschūrhāwand^{e}) aputẹ̄k
Geben Sie mir bitte etwas *gegen (für)* ...	Kan ni ge mig något *mot (för)* ...	ˇkanī jē mäj not mūt (fȫr)
Dieses Medikament, bitte!	Den här medicinen, tack.	dän hǟr medißīn^{e}n, tak

UTVÄRTES / INVÄRTES	**äußerlich / innerlich**
FÖRE (EFTER) MATEN	***vor (nach)* dem Essen**
TILL NATTEN	**vor dem Schlafengehen**
TRE GÅNGER DAGLIGEN	**dreimal täglich**
ENLIGT LÄKARES ORDINATION	**nach Anweisung des Arztes**
PÅ FASTANDE MAGE	**auf nüchternen Magen**
SVÄLJES HELA	**unzerkaut schlucken**
SMÄLTES I MUNNEN	**im Munde zergehen lassen**
OMSKAKAS	**vor Gebrauch schütteln**

Medikamente

Abführmittel	avföringsmedel, -et, -	ˇāwfȫringß`mēd^{e}l
Antibabypillen	p-piller	ˇpēpil^{e}r
Aspirin	aspirin	aßpirīn
Augentropfen	ögondroppar	ˇȫgondropar
Beruhigungsmittel	lugnande medel	ˇlüngnand^{e} mẹ̄d^{e}l
Binde	bindor	ˇbind^{e}r
Brandsalbe	salva mot brännsår	ˇßalwa mut ˇbränßōr
Grippetabletten	influensatabletter	inflüˇenßata`blät^{e}r
Gurgelwasser	gurgelvatten, -et	ˇgürg^{e}lwat^{e}n
Hustensaft	hostmedicin, -en	ˇhußtmedißīn
Insektenmittel	medel mot insektsbett	mẹ̄d^{e}l mut ˇinßektßbet
Kamille(ntee)	kamomillte, -et	kamuˇmiltē
Kohletabletten	koltabletter	ˇkōltablät^{e}r
Kondome	kondom, -en, -er	kondọ̄m
Kreislaufmittel	medel mot cirkulationsstörning	mẹ̄d^{e}l mut ßirkūlaˇschūnßtȫrning
Magentabletten	magmedicin	ˇmāgmedißīn
Nasentropfen	näsdroppar	ˇnǟßdropar
Ohrentropfen	örondroppar	ˇȫrondropar
Pflaster	plåster, -et, -	plọßt^{e}r
Salbe	salva, -n, -or	ˇßalwa
Schlaftabletten	sömntabletter	ˇßömntablät^{e}r
Schnellverband	snabbförband, -et, -	ˇßnabförband
Tablette	tablett, -en, -er	tablạ̈t

Arzt / Krankenhaus

Ich muß (dringend) einen Arzt aufsuchen.	Jag måste söka läkare. (Det är brådskande).	jā ˇmoßt^{e} ˇßȫka ˇlǟkar^{e} (dē ē ˇbroßkand^{e})
Wo finde ich hier einen ...	Var finns det en ... här?	wār finß dē en ... hǟr
– Augenarzt?	– ögonläkare	ˇȫgonlǟkar^{e}

– Chirurgen?	– kirurg	tchirŭrg
– Frauenarzt?	– gynekolog	jün^{e}kulọg
– Hals-, Nasen-, Ohrenarzt?	– öron-, näs- och halsläkare	ˇōron- nǟß- o halß`lǟkar^e
– Hautarzt?	– hudläkare	ˇhʉ̄dlǟkar^e
– Internisten?	– läkare för invärtes sjukdomar	ˇlǟkar^e för ˇinwä^{r}t^{e}ß ˇschʉ̄kdumar
– Kinderarzt?	– barnläkare	ˇbā^{r}nlǟkar^e
– Nervenarzt?	– nervläkare	ˇnärwlǟkar^e
– Urologen?	– urolog	ūrolọg
– Zahnarzt?	– tandläkare	ˇtan(d)lǟkar^e
Wann hat er Sprechstunde?	När har han mottagningstid?	nǟr hār han ˇmūtāgningßtīd
Ich fühle mich nicht wohl.	Jag mår inte bra.	jā mōr ˇint^e brā.
Mir wird oft übel.	Jag mår ofta illa.	jā mōr ˇofta ˇilla
Ich habe mich übergeben.	Jag har kräkts.	jā hār krǟktß
Ich bin *gestochen (gebissen)* worden.	Jag har blivit *stucken (biten)*.	jā hār ˇblīvit ˇßtŭk^{e}n (ˇbīt^{e}n)
Ich bin gestürzt.	Jag har trillat omkull.	jā hā^r trilat omkŭl
Hier tut es weh.	Det gör ont här.	dē jōr ụnt hǟr
Ich bin Diabetiker.	Jag är diabetiker.	jā ē diabẹtik^{e}r
Ich bin im 3. Monat schwanger.	Jag är gravid i tredje månaden.	jā ē grawịd ī ˇtrēdje ˇmōnad^{e}n
Ich nehme regelmäßig diese Medikamente.	Jag tar den här medicinen regelbundet.	jā tā^r dän hǟr medißịn^{e}n ˇrēg^{e}lbünd^{e}t
Ich habe ... gegessen.	Jag har ätit ...	jā hār ˇǟtit
Ich vertrage *die Hitze (das Essen)* nicht.	Jag tål inte *värmen (maten)*.	jā tōl ˇint^e ˇwärm^{e}n (mạt^{e}n)
Ich habe mich erkältet.	Jag har blivit förkyld.	jā hār ˇblīwit förtchŭld
Ich habe (starke) Zahnschmerzen.	Jag har (fruktansvärd) tandvärk.	jā hār (ˇfrŭktanßwǟ^{r}d) ˇtan(d)wärk
Dieser Zahn (oben, unten, vorn, hinten) tut weh.	Det gör ont i tanden här (uppe, nere, framme, bak).	dẹ jōr ụnt i tạnd^{e}n hǟr (ˇŭp^e, ˇnēr^e, ˇframe, bāk)
Ich habe eine *Füllung (Krone)* verloren.	Jag har tappat en *fyllning (krona)*.	jā hā^r ˇtapat en ˇfülning (ˇkrūna)
Mir ist ein Zahn abgebrochen.	Jag har bitit av en tand.	jā hār ˇbītit ạw en tan(d)
Können Sie diese Prothese reparieren?	Kan ni laga den här protesen?	ˇkanī ˇlāga dän hǟr prutẹˇß^{e}n
Schwester, bitte geben Sie mir etwas *gegen die Schmerzen (zum Einschlafen)*.	Syster, kan ni ge mig *något mot min värk (en sömntablett)*.	ˇßüßt^{e}r, ˇkanī jē mäj not mūt min wǟrk (en ˇßömntablät)
Wann darf ich aufstehen?	När får jag gå upp?	nǟr fōr jā gō ŭp
Wie lange muß ich hier bleiben?	Hur länge måste jag stanna här?	hʉ̄^{r} ˇläng^e ˇmoßt^e jā ˇßtana hǟr

Krankheiten

Allergie	allergi, -n, -er	alergī
Atembeschwerden	andnöd, -en	ˇandnōd
Ausschlag	utslag, -et, -	ˇʉ̄tßlāg
Blinddarmentzündung .	blindtarmsinflammation, -en, -er	ˇblintarmßinflama`schūn

***hoher (niedriger)* Blutdruck**	*högt (lågt)* blodtryck	hökt (lōkt) ˇblūtrük
Blutung	blödning, -en, -ar	ˇblȫdning
Blutvergiftung	blodförgiftning, -en, -ar	ˇblū(d)förjiftning
Bruch	brock, -et, -	brok
Durchfall	diarré, -n, -er	diarẹ̄
Entzündung	inflammation, -en, -er	inflamaschū̩n
Erkältung	förkylning, -en, -ar	förtchū̩lning
Fieber	feber, -n	fē̩ber
Gehirnerschütterung	hjärnskakning, -en, -ar	ˇjǟrn̩ßkākning
Grippe	influensa, -n	inflūˇenßa
Halsschmerzen	ont i halsen	unt i ha̩lßen
Herzinfarkt	hjärtinfarkt, -en	ˇjǟrtinfarkt
Heuschnupfen	hösnuva, -n	ˇhȫßnüwa
Husten	hosta, -n	ˇhußta
Infektion	infektion, -en, -er	infekschụn
Ischias	ischias, -en	ịschiaß
Kopfschmerzen	huvudvärk, -en	ˇhüwewärk
Krampf	kramp, -en	kramp
Krankheit	sjukdom, -en, -ar	ˇschükdum
Kreislaufstörung	kärlkramp, -en	ˇtchärlkramp
Lebensmittelvergiftung	matförgiftning, -en	ˇmātförˋjiftning
Ohnmacht	svimning, -en	ˇßwimning
Rheuma	reumatism, -en	rematịßm
Schlaganfall	hjärtslag, -et	ˇjärtßlāg
Sehnenzerrung	senförslitning, -en	ˇßēnförˋßlītning
Sonnenbrand	solbränna, -n	ˇßūlbräna
Verletzung	skada, -n	ˇßkāda
Verstopfung	förstoppning, -en, -ar	förßtọpning
Wunde	sår, -et, -	ˇßōr
Zuckerkrankheit	sockersjuka, -n	ˇßokeschūka

Körperteile

Arm	arm, -en, -ar	arm
Auge (Augen)	öga, -t, ögon	ˇȫga
Bauch	mage, -n, -ar	ˇmāge
Bein	ben, -et, -	bēn
Brust	bröst, -et, -	brößt
Darm	tarm, -en, -ar	tarm
Finger	finger, -et, -ar	fịnger
Fuß	fot, -en, fötter	fūt, fọ̈ter
Geschlechtsorgane	könsorgan, -et, -	ˇtchȫnßorgān
Gesicht	ansikte, -t, -n	ˇanßikte
Hals	hals, -en, -ar	halß
Hand	hand, -en, -̈er	han(d)
Herz	hjärta, -t, -n	ˇjärta
Kinn	haka, -n, -or	ˇhāka
Knie	knä, -et, -n	knǟ
Knöchel	fotknöl, -en, -ar	ˇfūtknȫl
Knochen	ben, -et, -en	bē̩n
Kopf	huvud, -et, -en	ˇhüwe
Leber	lever, -n	lē̩wer
Lunge	lunga, -n, -or	ˇlünga
Magen	mage, -n, -ar	ˇmāge
Mund	mun, -nen, -nar	mün
Nase	näsa, -n, -or	ˇnäßa
Niere	njure, -n, -ar	ˇnjüre
Ohr	öra, -t, öron	ˇöra
Rücken	rygg, -en, -ar	rüg
Schulter	axel, -n, -ar	ạkßel
Wirbelsäule	ryggrad, -en, -er	ˇrügrād
Zahn	tand, -en, -̈er	tan(d)
Zunge	tunga, -n, -or	ˇtünga

Register